愛に祈る人

無教会キリスト教伝道者　寶田愛子の生涯

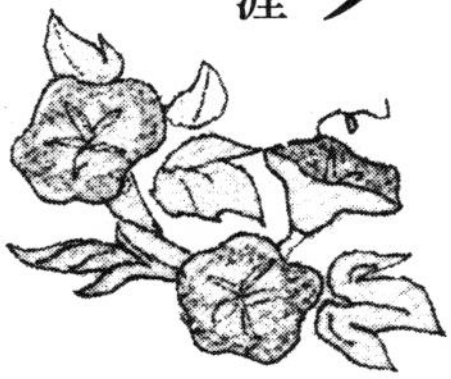

矢田部千佳子

教文館

寶田愛子（1974–75 年頃）

はじめに

日本におけるキリスト教徒は、ここ四半世紀は、総人口のおよそ一パーセントを占めるだけのマイノリティである。また、キリスト教に数えられる宗教団体の中には、二〇二二年七月の元宰相銃殺事件で、反社会的カルト集団として再び世間の注目を集めた「世界平和統一家庭連合（旧統一協会）」ほか、いわゆる「一般的な」キリスト教団体が異端と呼ぶ団体も入っている。その一方で、日本固有のキリスト教と呼ばれる無教会キリスト教は、統計上その一パーセントの中には入っていない。宗教団体として登録されていないからである。

教会という組織を持たない無教会キリスト教は、志のあるものなら誰でも伝道活動を始めることができる。聖書を開いて神の言葉について学び、それを身近な人びとに伝えることが、主たる活動なのである。したがって、教会も特段の教義も持たない彼らもまた「一般的な」キリスト教会から、異端呼ばわりされることもある。無教会キリスト教の人口が多いわけでは決してなく、むしろ、マイノリティの、そのまたマイノリティ、と言っても良い。しかし、無教会キリスト教は日本近現代史の中で決して無視することのできない存在であることも事実だ。それは、エリート集団を輩出し、彼らがキリスト教の理念を持って、日本近代社会の基礎を形成する力となってきたことがあるからである。無教会史は、そうしたエリートたちを記録に残してきた。しかし、無教会史には記述されていない数多くの信者たちの働きが、日本社会の草の根となって埋もれて、隠れたところに息づいている。彼らは今も静かに聖書を学んでいる。

本書がスポットライトを当てた女性伝道者の生涯は、その無教会キリスト教信仰を持って生きるとは、どんなことなのか、身をもって挺している。牧師を父に持った彼女は、「ふつう」の日本人的な生い立ちではなかったかもしれない。しかし、明治、大正、昭和の時代を、一貫してただ神のみを信じ、地べたで神の愛を受け、それを惜しみなく語り、与えて生きた。ただそれだけの、だが、それゆえに、記述されて伝えられるべき、確かに在ったキリスト者の生涯なのである。どんな困難に出会っても、神との対話を続けたその姿は、今、同じように打ちひしがれている人たちに、そっと慰めの光を照らすだろう。

2020年まで目黒区中根町にあった今井館聖書講堂入口

「ウィークデイの集い」のためにセッティングされた今井館聖書講堂内部。
手前左奥に寶田母子が住んでいた小部屋があった。

目次

装丁　熊谷博人

プロローグ

東京都目黒区中根町の閑静な住宅地に、「今井館聖書講堂」と呼ばれる明治時代から聖書の勉強に使われてきた木造の小さな講堂があった。この建物は近代日本の代表的キリスト教伝道者内村鑑三（一八六一―一九三〇）が日本の近代化を担った多くの若者に聖書講義を行った講堂である。彼を師と仰ぐ大阪の香料商、今井樟太郎の遺志に基づき、一九〇七年に内村に献じられたことから、「今井」の名前が付されている。内村存命中は東京市柏木（現在の新宿区）の彼の自宅敷地内にあったが、市の道路拡張計画のために、一九三五年に有志によって目黒区に移設されたのである。中根町では、内村の高弟矢内原忠雄が聖書講義を行っていた。

二〇二〇年まで同地にあった由緒あるこの講堂で、山本玲子は講壇に立ち、母寳田愛子について話をした。「今井館ウィークデイの集い」という女性たちの声を聞く会で何か話すよう請われたからである。何を話しても良いと、演題はスピーカーの自由に任せられていたが、内村の信仰に生きる女性メンバーが中心となって運営するこの講演会で、玲子は母愛子のことを話したいと思った。いや、どうしても話さなければならないことがあったと言った方が良いのかもしれない。
内村鑑三のキリスト教は「無教会キリスト教」と呼ばれ、誰が主宰しても良い、聖書を読むことが中心の、教会という建物の無いキリスト教で、寳田愛子は、ともすれば男性中心と言われてきたこのグループの中でも、先駆的で、かつまた、稀有な、女性伝道者であった。玲子はその愛子の次女であり、母がキリスト教伝道者として、いかに愛にあふれ、どこまでも低きに立って、イエス・キリストに仕えることを生涯の喜びとして生きたかを、母との思い出がしみ込んでいるこの講堂で話したかったのである。

(私はあの時、若さゆえに懼れも知らず、ママを踏みつけにするようなことをしてしまった。ママは何も言わず、友人だと思っていた人たちからの後ろ指にただひたすら耐え抜いて、温かい腕の中に私を抱いて、許してくださった。今、この時を除いて、私がママの汚名を雪ぐときはないのだわ)。

玲子は心の底からそう感じて、あのことを公の場で語ろうと心に決めていた。

寶田愛子は、無教会キリスト教徒としては珍しく、内村鑑三その人を始めとして、彼の最も高名な弟子、塚本虎二と矢内原忠雄、の三人から直接教えを受けたのであった。内村からは信仰を、塚本からは聖書を、そして、矢内原からは信仰の友を、いただいたと、生前繰り返し語っていた。戦後どん底の生活を余儀なくされた愛子は、自ら立って（愛子の言葉によれば、イエス・キリストに手を取って立たせてもらい）独立伝道を始め、生涯その道から外れることはなかったのである。それは、恩師内村の教えを実践する命を懸けた事業であり、生きて「無教会キリスト教」を証しする使命を意味したが、また同時に、父の遺志を継ぐことでもあった。

一九九一年五月十七日、「小さな感謝――母、寶田あいの生涯」と題した玲子のスピーチは、このように始められた。

内村先生が日本に十字架を宣べ伝えられたこの場所で、私の両親は父なる神とイエス・キリストの十字架を示されたのでした。その時母は私をみごもっておりました。今日は母が生涯十字架のみにすがって生きたその生きざまをお話したいと思うのでございます。

愛子と四人の子どもたち、恵一、玲子、信子、文子は、奇しくもこの今井館と歴史を共にすることになるのである。それは、波乱万丈の人生を送った愛子の結婚から始まった。

1 両親

愛子の結婚を語る前に、彼女の両親について語らなければならない。彼女を堅固なイエス・キリストへの信仰に導いたのは、日本最初期のキリスト教伝道者だった父吉田亀太郎（一八五八―一九三二）だからである。

賓田愛子、旧姓吉田愛子は、その亀太郎と妻待子の四女として一八九四年十一月十日に福島県相馬郡中村町（現在の相馬市）で生まれた。

亀太郎は、花巻出身の仙台藩士族の出で、維新後上京し、築地新港町の化学試験所で化学を学んだ。同試験所で石油精製が成功したことから、十八歳の時、石油事業主に従って新潟に出向き、丁度その頃始まろうとしていた石油掘削・精製事業の草分けとしての、また、藍を福島に送る仕事にも従事することになった。新潟では、一八七五年頃スコットランド出身のキリスト教宣教師で医者のT・A・パームがイギリスのメディカル・ソサエティから派遣されて、キリスト教伝道を始めていたが、説教会には石を投げられ、看板は外され、出席者が道で攻撃されるなど、大きな迫害を受けていた。浄土真宗が強い土地柄か、僧侶たちの反対と妨害はことのほか大きかったそうだ。その頃横浜には宣教師たちを中心とした日本基督公会があり、迫害の知らせがもたらされたとき、押川方義（一八五〇―一九二八）は自分が助けに行くと手を挙げて、横浜からパームの応援に駆け付けたのであった。押川は日本宣教の未来を嘱望されていた若者の一人だった。

亀太郎は新潟でこの二人に誘われて、クリスチャンになった。彼が洗礼を受ける決意をしたとき、石油の仕事で胎内川で小船に乗っていたという。式服を取りに帰ろうとしたところ、どうしたことか船が揺れて川に落ちてしまったそうだ。あれが本当の洗礼だった、と後の語り草になっている。パームは医者でもあり、西洋医学を広めるための診療所も開いていた。彼が丁寧に病人を手当てすることが住民たちの間で認められるようになり、教会に来るものも次第に増えてきていた。亀太郎は、パームに愛され、聖書の教えを熱心に聞くようになった。日曜日ごとに教会へ行くために仕事を休んだ。それが続き、事業主から教会をやめてしまえと言われて、仕事の方をやめてしまったという。

彼はパームから牧師になるよう勧められたが、長男だったためになかなか決心がつかなかった。そこで押川は宮城県内の伝道に合わせて、単身石巻に赴き、当時石巻に住んでいた吉田の両親の元を訪れて、亀太郎入信の経過を説明し、両親の説得に当たったという。それを聞いた亀太郎は、「三日だけ」という口先の約束であったが、パームと押川と共に東北地方の開拓伝道を始めることになった。結局、仙台や福島、山形、石巻などを歩いて、日本基督教会の礎を築いたのである。また同時に、押川と共に山形や仙台の病院を訪ねては、パームの西洋医療も推薦して歩いた。

一八八〇年八月に新潟で大火が起きた。パームの伝道所も焼失してしまった。パームはしばらく押川と吉田を東北伝道に送り出すことにしたのである。二人は十月に仙台のキリスト教講義所を開設。翌年五月には仙台教会を設立した。そして、石巻の亀太郎の両親もキリスト教に回宗し、両親の家が石巻基督教会になった。こう記すといかにも順風満帆の伝道活動であったかのように聞こえる。しかし、行く道は生易しいものではなかった。耶蘇《やそ》だと言っては石を投げつけられ、時には殴りかかってくる者もいるなど、どの町に行っても迫害がないところはなかった。

さて、愛子の母は待子といって、新潟古町の豪商油忠石黒家に生まれた。父が家業を好まず学問好きで、妻子を置いて単身東京へ遊学し、二、三年後に帰郷したが、待子が誕生すると間もなく病死してしまった。その時母ます子は、次のような歌を詠んだという。

待ち待ちて待ちもうけたる待のいま忘れがたみとなるぞ悲しき

後から思えば、この歌のために名付けられたような待子は、母の実家の宮川家門長屋で暮らしていたが、十三歳の時、ます子も他界してしまい孤児となった。そうして、親戚の厄介者にならなければならなかったのだ。ところが叔父の一人がパームの伝道に触れ、入信していた。叔父に連れられて説教を聞いた待子は、イエス・キリストの救いの音ずれが、渇いた心に生命の真清水となって注ぎ込むのを感じたのであった。待子はまったく自然の成り行きのようにキリスト教の洗礼を受けたのだったが、それは亀太郎の回心より一年前のことだった。

彼女は、話を聞くうちにもっともっとイエス・キリストの教えを学びたいという気持ちが高まった。それを知った押川とパームは、横浜の神学校に行って学ぶことを勧めてくれた。しかし、その決心には、親戚中の反対の嵐が待っていたのである。よりによって横浜にまで行って、耶蘇の勉強をするなど、とんでもないというのだった。ようやくクリスチャンの叔父が許してくれて、わずかな金を工面してくれたのである。一八七七年新潟の官立英語学校を退任するというW・E・ターベル夫妻と共に東京に向かえたのは幸運であった。当時はまだ鉄道はなく、籠か馬、あるいは徒歩での旅であった。ターベル先生は待子が籠に乗らないのを不思議に思って「どうして籠に乗らないのか」と尋ねてきたが、乏しい路銀を一銭も無駄にすることはできなかった。あまりに疲れたときには、より安く済む馬に、少しだけ乗せてもらったのだった。十日余りをかけてようやく東京に着き、押川の知人の家に泊めてもらって旅の疲れを癒したのである。そこは、初めて見るクリスチャン・ホームで、家の主人が子どもの世話や家事の手伝いをしているのを見て、待子は目を見張る思いだった。キリスト教の精神が家庭生活の改善にどんなに役立っているかを目の当たりにしたと、後に書いている。

千葉にいた兄のところにしばらく滞在した後、今度は鉄道で横浜の偕成伝道女学校（後の共立女子神学校、現東京キリスト教学園）というアメリカン・ボードの女性宣教師たちが開設した学校へと向かった。待子は貧乏で学費がなかったため宣教師のメイドをしながら勉強したとのことである。神学校を開設したルイーズ・ピアソン校長は、非常に熱心に伝道に従事していたが、待子たち学生にも自分の力に応じた伝道の働きをするように促した。彼女は「バイブル・ウーマン」と呼ばれた女性平信徒伝道師の育成に力を入れていたのだ。それぞれが自分の活動をピアソン先生に報告しなければならないのである。しかし、何の伝道報告の材料も持ち帰ることのできなかった待子は、「なぜ働きません。何処へでも行って伝道なさい」と厳しく諭され、押川先生の折り紙付きの推薦で入学を許可されたこの身の情けなさを思うと、申し訳なさで、その夜は木陰に跪いて泣きながら祈ったのである。翌朝一人の学友が優しく声を掛けてくれたのだった。「昨夜はどんなにか辛かったでしょう。これまで私も一人ぽっちだったから、これからは私と一緒に行って下さらない」と誘ってくれたのであった。伝道する方法も次第に覚えて、やがて一人でも大丈夫になったのである。この友人、志村とりさんのことは生涯忘れることはない。また、待子はジュリア・クロスビー先生には親代わりのように面倒を見てもらった。英語も習い、西洋式の生活の仕方を身につけて、次第にモダンな女性になって行った。日本食にもナイフとフォークを使って食事をしたのである。

四年生の夏休みになると、仙台で働いていた押川を訪ねることになった。そこで、押川の計らいによって、亀太郎と引き合わされたのである。宣教師たちが新しい日本建設の基盤として推し進めていたクリスチャン・ホームを築くことになったわけだ。しかし、待子にとっては不意の結婚話であった。何より学業半ばであるのが心残りだった。ただ、神の御ために働く亀太郎の熱心と誠実さは、待子にも通じ、彼を支えるのは自分に相応しいことだと、これも神様のお恵みではないかと感ずるところもあった。横浜に戻って退学を願い出た待子は、「きっと子どもたちに私の代理を務めさせます」とクロスビー先生に約束して、亀太郎と共に伝道の道を歩み始めたのである。

やがて、二人に長女信子が生まれた。信子が十一歳になると、約束通りクロスビー先生の元へ送り出された。次いで長男栄が誕生した。そして、次女道子も、三女操も、続けて先生のお世話になることになった。操の次に生まれたのが愛子である。末子の忠子誕生の後、体調を崩し気味だった待子を思い、亀太郎は愛子を二年ほど両親の下へ預けたのであった。待子は宣教師たちから見聞きして覚えた、アメリカ様式の生活を子どもたちに教え、家の中は清潔で磨き上げられていた。信子は、ことのほか音楽の素養があったらしく、宣教師の横で一心にピアノを聞いているような学生だった。その音感を見て取った宣教師たちの推薦で、アメリカのジュリアード音楽大学でピアノを学ぶ機会を得たのである。しかし、生活費は自分で工面しなければならず、アメリカで皿洗いをしながら卒業したのである。信子が学業を終えて、いよいよ横浜港に到着したとき、愛子たちは姉を出迎えに行った。信子は凱旋帰国とあって、素晴らしい洋服を着て花のような姿で現れた。しかし、愛子は姉の手がザラザラに荒れていたのを見て、その苦労がしのばれ、思わず涙したと玲子たちに語っていた。信子は生涯独身を通し、ピアノ教師として母校で教鞭をとって恩返しをしたのである。
亀太郎は、新潟と仙台を往復していたほか、福島、石巻、上ノ山、そして北海道へと伝道の旅に出た。行く先々で遭遇した困難にも怯まなかった。彼には格別な学があるわけではなく、ただ溢れるばかりの神の愛の有難さに感謝し、その喜びを貧しく苦しんでいる人びとと分かち合うのであった。家にいるときは馬になって、子どもたちを背中に乗せたり、肩車をして遊んでくれた。家の外に出れば、子どもたちもいじめに遭っていることは承知だった。ある日のこと、愛子は学校の帰り道、「耶蘇、耶蘇」と揶揄され、男の子が投げた石が頭に当たってけがをしてしまった。血を流し泣きながら家に戻ると、亀太郎はすぐさま愛子をおぶって、その子の家に駆けて行って親を呼び、「耶蘇の子だからと言って、何も知らない子どもにこんなことを決してさせないよう、よく言い聞かせて欲しい」と訴えたという。愛子が父の愛を身に染みて感じ、信頼の思いを強くした出来事であった。「ほんとうにうれしいねぇ」が亀太郎の口癖で、子どもと共に讃美歌「主われを愛す」を歌い、死の床にある人に天の栄光を指し示して力づける、そういう伝道者だった。

耶蘇《エス》我れを愛す　左様聖書まをす

帰すれば子たち　弱いもつよい
ハイ耶蘇《エス》愛す　ハイ耶蘇愛す
ハイ耶蘇愛す　左様聖書申す

（『近代日本キリスト教文学全集15　讃美歌集』より）

父の歌声が今も聞こえる。愛子はそんな父を尊敬し、成長するにつれて父の教えるイエス・キリストの深い愛を感じて、いつも祈っていた。いつか父のようになれますようにと。やがて愛子にも両親の下を去る時が来た。一九〇九年東京の青山女学院高等普通科に入学した。特待生として寄宿舎に入った娘に亀太郎と待子から送った手紙が残っている。

此の間手紙を請け喜びたり。壮健にて勉強している由、何よりなり。身体壮健ならざれば勉強も出来難く、万事休すである。幸いにお前は何時も壮健だとは喜びの至りなり。父も壮健にて働き居れば安心せよ。母の病気には実に困り居れり。されどもそれも神の恵みとして請ける外なし。お前は良く聖書を勉強せよ。聖書は信仰に至るの滋養物なり。道徳の基なり。夏休みに上ノ山に来るならば色々神に付きて教へん。何にせよ学校の事はよく忠実に学びて怠る勿れ。伝道師の子たる手本を現すべきである。師たる人を尊敬する事。友達と親睦する事は常に心に掛けるべきである。

（一九〇九年五月七日　亀太郎）

先日より手紙とゑはがき正に届き歓びます。愛子は丈夫で勉強して居るとの事。両親は何より喜んで居る。母も嬉しき手紙書きたいが、毎日毎日来客などで仕事ははかどらず、誠にせわしくて書けないから、操や忠子ので間に合わしてよ。父さんは去る月曜日より山形に伝道。それ故家は今只三人。昨日柿少々送った。誕生日にはまだ少し早かったが丁度昨日外よりもろふた故早速送ることにしたのよ。色は悪くなったかもしれん。風邪ひかぬようにせよ。

（一九〇九年十一月四日　待子）

故郷の両親の温かい祈りを感じながら、愛子は一心に勉学に励んだ。一九一四年三月に首席で卒業し、総代として英語でフェアウェル・スピーチ（答辞）をしたのである。彼女は心ひそかに、父のようにいつの日か神様のことを伝えたいと願っていたのだ。卒業すると学費免除だった聖経女学校（後の青山学院女子神学部）に進んだのである。しかし、一年も経たないうちに、賓田一蔵との結婚話が持ち込まれたのであった。

2　結婚

寳田一蔵は、村上の士族で鉄砲隊の指南役だった寳田家の長男として一八八六年六月二十日に生まれた。一蔵の父金次郎は次男で、当時の家社会では、次男は特段の教育を受けさせてもらえないまま成長したのである。ところが、兄金四郎が戊辰戦争で戦死したため、金次郎が禄を受けることになった。思案の末、金次郎は塩工場を起こしてみた。しかし、運営の仕方も、金の使い方も覚束なかった。結局大失敗を喫し、莫大な借金を背負うことになってしまった。すっかり意気消沈して、一蔵がまだ中学校の時に家督を譲るから借金はお前が払えと言って隠居してしまい、妹四人と弟一人の養育までもがすべて一蔵の肩にかかることになったのである。彼は数学に秀で、帝国大学に行く力もあったらしい。しかし、こうした家庭の事情あって、商船学校に行けば、学びながら給料が出るという話を聞き、迷わず商船学校に行って仕送りする道を選んだのだった。一蔵は中学校の時からキリスト教に触れ聖書を読み始めていた。

学業を終えると三年間佐賀県立商船学校で教鞭をとった。官費で学を修めたものは、一定期間奉職するのが決まりだった。その三年を経た後、彼はいよいよ商船の機関士として海外航路の船に乗り組んだ。日清汽船の「大福丸」や「大利丸」には一等機関士として乗船したが、内田汽船の「大武丸」からは機関長に昇格した。「大正丸」、「大雄丸」、そして、国際汽船会社「ボストン丸」（九〇〇〇トン）にも機関長として乗船した。「ボストン丸」は欧州航路であった。一度航海に出ればひと月以上が海の上の暮らしになる。一蔵は船に乗るのが大好きだった。

ところで、一蔵の故郷村上にはクリスチャン政治家として有名な長尾半平という人がいた。クリスチャンだったため吉田亀太郎とは旧知の間柄だった。実は半平の母親が一蔵の祖父の妹で、一蔵とは縁戚関係にあった。一蔵は長尾の影響があって聖書を読み、日曜日には教会に行くようになっていた。それが縁で、長尾半平が吉田の娘を一蔵にと世話したのであった。愛子は姉妹の中でもクリスチャンに回心した亀太郎の両親に特に可愛がられ、「この子は霊的なことがわかる子だ。私達の天使！」と呼ばれていたというから、亀太郎も愛子なら、長尾の縁談話に間違いないと思ったのだろう。

二人は青山でお見合いをし、とんとん拍子に話は進んで、一九一五年十月十八日市ヶ谷教会で華燭の典を挙げたのである。富士見軒で晩餐会を開き、伊香保へ新婚旅行に行った。そして、十月三十日には一蔵が一足先に勤務地の上海に向けて東京から出発した。

愛子はひと月あまり後の十二月六日、長崎から上海の一蔵の元へと旅立ったのであった。学校卒業から半年も経たないうちに、異国の地で生活することになったのである。愛子も亀太郎と待子も、大きな決断をしたことになる。

ここに結婚当時の心境を綴った一蔵の日記がある。結婚式の十日前、彼は上海から一時帰国した後滞在していた佐賀から、夜行列車で上京した。井ノ口という牧師と同行していたらしく、

六時ごろ豊橋で目が覚めた。牧師には静岡まで朝食を我慢させて、静岡にて鯛飯をやる

と微笑ましい記載がある。愛子は横浜駅まで迎えに行ったようだ。

恋しき愛子が停車場へ一人で会いに来てくれた。実に嬉しかった

と書いている。二人は駅から聖経女学校へ行き、これからの予定を話し合って、浦和の長尾家に向かう汽車に乗った。車中愛子と一蔵は、胸がいっぱいになって何も言葉にな

島田に結い上げた愛子と一蔵の結婚式姿

らなかった。翌日は挨拶回りを済ませ、

青山に帰る途中にて、いろいろ語り、本当に情が迫って抱き寄せて初めて愛子とキスをした。お互いに心と心とを打ち明けて相愛することを誓った。互いに泣いたと、愛し合う二人の結婚の感激が美しく綴られている。しかし、結婚式の三日前、愛子は髪を島田髷に結い上げたり、着物の支度もあって、一蔵とは別行動になった。一蔵は市ヶ谷教会に行き秋月牧師を訪ねたが不在だった。また、早稲田中学に友人の増子を訪ねたが、こちらも不在だった。

何となくもの足りない。夕食後また出かけ、一人で大声で怒鳴る。今夜は何だか腹が立った。しかし愛子が来て慰めてくれた。嬉しかった。

と結ばれている。一蔵の日記から、彼は情が深く濃やかだが、感情のコントロールが上手くないことが見て取れる。また愛子によれば、一蔵は借金があることを愛子に打ち明けることなく結婚したらしい。結婚してからもずっと給料から借金を返済していたという。

さて、一足先に上海に戻っていた一蔵は、愛子が来るのを心待ちにしていた。愛子は予定通り十二月六日に博愛丸に乗船して長崎を出発したが、その頃の日記には、一蔵の溢れる思いと、上海情勢などが以下のように綴られていた。

十二月六日

十二時から当番だ。空模様が何となく悪く風が出て来たようだ。愛子も今航海中だろう。玄界灘の浪に揺られているのだろう。何から何まで僕の為に苦労させるのだ。本当に済まない。唯僕は全身全霊を尽くして愛するのみだ。

それにつけても、雨の日風の夜、涙が光って思ふ情の切なる、心からさとった。四時に当直を終わりて五時に就寝する。十時頃起きて十二時から当直だ。十二時半ころ南京に着く。七時ころ鎮江に着く、上海では第三次革命にて、戦争中との報あり。嗚呼、何たることだ。時も時、あゝ、愛子は今どうして居るのだろう。加うるに空模様まで面白くない。七時に就寝する。

十二月七日

十二時から当直。昨夜からの革命戦の話にて誠に心配だ。愛子は昨日既に長崎を出帆して居る筈だ。風が強くなる。おゝ、愛子は今船の中で僕を思うて、思うて、苦しんでいるのだろう。神様どうぞ彼女に安きを与えて下さい。苦しんで来てみて、また、一層苦をなめさせるの然り。神天に在ます。我等は神によりて平安を与えられるのだ。

四時に当直を終えてすぐさま就寝する。十二時ごろ呉淞江に着けり。十二時から当直で一時半ころ上海の浦東に着く。愛子と内とより来信ありき。すぐさま上陸して会社に行く。篠崎に行き、石川牧師宅に行き、四時ごろ会社にまた行きて船に帰る。愛子は明朝七時ころ来る由なり。上陸して萬歳館にて泊まる。十一時ころ就寝。

十二月八日

七時起床して七時半ころ郵船の波止場に行く。博愛丸未だ来ておらず。石川牧師はすでに来て居られた。襄陽丸に行き博愛丸の来るのを待つ。九時になっても来らず。会社に行って聞いて見ると、十一時ころとの話にて、石川牧師は帰られ、僕は篠崎に行く。待ちに待った博愛丸は十一時過ぎゆっくり来た。襄陽丸の甲板より見れども、愛子らしき人見えず。船長より望遠鏡を借りて来てみるに、はたして愛子が居った。悲しいような顔をして陸を眺めておった。十二時に桟橋に着く。すぐさま行きて熱き握手をする。牛嶋一等機関士に礼を述べる。税関官吏から荷物を皆調べられる。中村の奥様が迎えに来て下された。二時ごろ僕の家と定めた所に着く。五時に大福丸に帰り八時半頃帰宅していろいろ話し十一頃就寝したり。

二人が新たな生活を始めた上海は、一蔵の日記にある通り、大帝国清朝が衰退を辿る不安な情勢下にあった。アヘン戦争敗退後、南京条約によって上海は開港させられ、欧州列強の租界ができていた。一蔵と愛子はその租界の中にあったキリスト教会の二階に新居を構えたのである。ほどなく、愛子が上海の暮らしに慣れたある日、治安維持に当たっていた中国の武装警官が革命が起きたと錯覚し、道行く人を撃ち始めるという乱射事件が勃発した。たまたまそこへ通りかかった愛子は、運悪く左手に弾を受け、それが貫通して、腹部に達するというアクシデントに見舞われてしまったのである。彼女は急いで日本人が経営する病院に運ばれたが、前の人の治療を見ていたところ乱暴に腕を切り落とされていたのを見て驚き、そんなことをされてはたまらないと、すぐイギリスの病院に駆け込んで大事な腕を落とさずに済んだということである。とはいえ、受けた傷は大きく、元に戻ることはなかった。生涯不自由な左手を抱えたのであったが、彼女は家族以外には決して誰にも気づかれないよう、障がいを隠し通して過ごしたのである。

この時愛子たちの力になってくれたのが、たまたま上海に居合わせた一蔵の同郷村上の出身で、クリスチャンだった田村幸太郎であった。田村は米国資本のナショナル・キャッシュレジスターの社員だった。当時、「この機械はあなたを正直にさせます」というのが、セールスのキャッチフレーズだったそうだ。彼は後に愛子の妹忠子の夫になる。

愛子の心身に大きな傷を残した銃撃事件だったが、田村の力添えもあって、思いがけず中国政府から多額の賠償金が支払われることになった。その賠償金を得たことで、一蔵は、実家の借金を支払い、土地と、家が持っていた火薬の権利を取り戻し、寳田一家が回復したのである。被害に遭った愛子自身には何もしてやれなかったが、一蔵はどれほど安堵したことだろう。想像だにしなかった幸運であった。以後彼は愛子のためなら、いつでも店で一番良いものを買った。一蔵はヨーロッパで買い求めたクラシック・レコードを多数持っていたが、長い航海から家に戻ったとき、愛子と共にそれらを聴くことを何よりの楽しみにしていた。

3 上海から淀橋へ

さて、一九一七年二人の間には待望の長女が生まれた。愛子は一蔵が航海に出ている間も必ず安全に戻ってくることを祈り、その子を港《みなと》と名付けたのだった。しかし、港は、一蔵が航海の途上ロンドンに滞在中、わずか三歳で疫痢にかかり、死んでしまったのである。二人は悲しみのどん底に突き落とされたのだ。愛子は、一蔵が航海で不在の間は、十年前に起きた豪華客船タイタニック号のあの大惨事の衝撃を思い出すこともあった。だからこそ娘には港という名前さえ付けたのに、こともあろうにその娘が……と悲嘆にくれたのである。そして、一蔵に地上の仕事に就いてもらいたいと懇願したのであった。だが、陸に上がれば、給料が半減するばかりでなく、共に働く人間の種類も異なる。また、船の中はすべてがイギリス式で、それは一蔵には心地よいことだった。一蔵は悩んだことだろう。それでも、娘港を失って後、度重なる愛子の切願を一蔵は聞き入れる他なかったのである。それは、ただ愛子のためであった。遂に、陸に上がることを決心したのである。そのことが、後に二人と内村鑑三との出会いをもたらしたのである。しかし、同時に、やがて二人を思いがけない暗闇の生活へと引きずりおろすことにもなった。それは、戦争という、人の情愛も希望も、真心も、ときに歪め、破壊してしまう、人の罪の時代のなせる業だったのかもしれない。

一九二二年、一蔵は船乗りを辞めて、東京市水道局に技術者としての職を得た。現在東京都庁のタワーが聳え立つその場所に、淀橋の浄水場があり、そこは一面に広い芝生が続き木々も植えられて、緑豊かな美しい楽園のようなところだった。場内の官舎に一蔵と愛子は新たな居を構えたのである。

一蔵が陸に上がったことを知って、長尾半平から内村鑑三という立派な先生がいるから一度聖書講義に出てはどうかという誘いが来た。長尾は内村を尊敬し、講演会に揃って立つこともしばしばで、二人はキリスト教信仰という固い絆で互いに認め合っていた。一蔵は内村の集会に出席を許された。柏木の聖書集会へは、淀橋から歩いてすぐ近くであった。ある日のこと、水道部の中を散歩する内村に、一蔵と愛子がばったり出会ったのである。自然を愛した内村は、そこを思索と祈りのための散歩のルートにしていたのであった。一蔵に気付くと内村は、「ああ賓田君、ここに住んでるの」と優しい笑顔を浮かべた。二人の家に立ち寄り、茶を振舞う愛子に向かって「愛子さん、あなたも忙しいかもしれないけれど、今度はご主人と一緒にいらっしゃい」と聖書講義への出席を勧めたのである。それがきっかけで、愛子は一蔵と共に日曜日の聖書講義に出席することになった。愛子は港の死で大きな痛みを抱えていたのだったが、内村のところに通ったことで、真の愛の信仰を受けたのである。愛子は後に、内村の話を聞いての帰り道、「ああ、神様ってそういう御方なのですか」と言葉に出してしまうほどに、心の底から神様を納得する、神様を信じまつる思いが湧いた、と語っている。内村も最愛の娘ルツ子を亡くしていたのだ。痛みを知る内村の話は二人の心に沁み込んでいった。一蔵も若くして家族を支えるようになったなど、内村と境遇がよく似ているところもあり、愛子と共に内村は立派な先生だと深く尊敬していた。

内村は一九二一年三月の還暦を記念して、日曜学校を開いていた。毎日曜日午後、今井館で結婚式を挙げたものたちの子どもに限って参加が許され、門弟の牧野兄弟と岸秀雄が教師として、子どもたちに聖書を教えたが、大人たちの会とは異なり、茶菓を共にする和やかな学びの時であった。その二年後の九月に起こった関東大震災で日曜学校は自然閉鎖となった。しかし、内村の意向もあって翌年から再開し、弟子の石原兵永が校長になった。青山女学院を首席で卒業しているのに、物柔らかで美しい愛子は日曜学校の先生にうってつけであった。内村と石原から音楽を担当するように頼まれ、併せて幼児科も受け持つことになったのである。子どもたちと過ごす時は、楽しい安らかなひと時であった。

その浄水場で一九二四年三月に待望の長男恵一が生まれた。また、次女玲子、次男文吾、そして、三女信子の二男二女が生まれたのである。しかし、文吾はわずか三歳ではしかにかかり、あっけなく亡くなったのであった。玲子は今でも、弟文吾の小さな白い棺が讃美歌に送られて出て行った時のことをありありと思い浮かべることができる。あの讃美歌は幼児讃美歌で、

再び主イエスの　くだります日、
召さるる幼児　み国にて
みそらの星と　かがやきつつ
主の御冠の　玉とならん

（『讃美歌』（一九五四年版）四五八番より歌詞引用）

というのだったと空で歌い出せるのである。港に続けて文吾が亡くなったことの愛子と一蔵の悲しみは計り知れなかった。

内村の聖書講義では、今井館聖書講堂に男女別に座席が分かれていたが、皆真剣に物音一つ立てず力強い内村の話に惹き込まれて聞いていた。内村は、「クリスチャン・ホーム」についても一家言持っていた。「家庭（ホーム）は地上の楽園」と言い、男性た

ちにはゼントルメンになるようにとキリストの倫理的な模範を教える一方で、女性たちにはホームとは何かを説いたのである。ホームは第一に故郷と呼ぶべきものである。第二に、衣食住且つ生活の度が備わって、ここより他に良いところはないと思える場所だと言うのである。それはすべて一家の女王である妻の手にかかっており、朝起きてから晩寝るまで、なすべきことに秩序が保たれ、着る物も、住まいも清潔であること。倹約を旨とし、子どもの教育が行き届いていること。そして家の中で不潔な言葉を使わないこと。そうしたすべてに目を配るのが「女王」の務めだと教えた。愛子は、内村のこの「クリスチャン・ホーム」の考えは、母待子が子どもたちにしてくれたことそのものだと思った。そして、自分の子どもたちにも、聖書を読み聞かせ、祈りの大切さを教え、子どもたち向けに自分で讃美歌を作って、共に歌い、自ら作った洋服を与えて、手をかけて育てたのである。愛子作詞作曲の讃美歌で、子どもたち四人が空で揃って歌える歌がある。

天の父　愛の神
眠る間　守りて
輝く　今朝をば

給えば　我謝す

朝の起床に、また、就寝の前に、お祈りをしてこの讃美歌を歌ったのである。

そして、次第に、我が子ばかりでなく、近くの家の子どもたちにも少しずつ聖書の話をするようになっていった。愛子は子どもたちにも聖書がわかりやすいように、イスラエルの地図を描き、創世記の説明には、アダムとエバの系図や、アブラムとイサクの家族構成などを大きな模造紙に墨で書いて、ヴィジュアルな素材を手作りしたのであった。愛子は歌といい、絵といい、苦も無くさらさらと必要に応じて、書き上げる能力を持っていた。こうして、子どもたちを通して、神の教えを伝える喜びと使命に、目覚めていったのである。

愛子作詞・作曲の讃美歌の楽譜

一蔵は市の水道局の機関維持管理監督の地位にあり、浄水場の中では大きな家に住んで、手伝いの女性を二人くらい使っていた。

二人は日曜日ごとに内村の聖書集会に通っていたが、愛子は「モアブ会」という婦人会に、一蔵は「洗足会」という男性の会に属し、その会の中のつながりも深くなっていた。こうした会ではひと月に一回か二回、持ち回りで祈禱会や食事会を催した。「洗足会」には二十人くらいのメンバーが入っていて、一蔵の当番の日には、全員の食事の支度が大変だった。「モアブ会」は内村の愛娘で夭逝した娘ルツ子に因んだ会であったが、内村の妻静子を中心としていて、時には内村が感話や祈禱をして行くこともあった。師亡き後もこれらの会は続けられたのである。その内村は、次第に心臓病が悪化し、一九三〇年に召天した。一蔵も愛子も傷心のまま葬儀に参列したのであった。また、内村の死の悲しみも癒えない翌年には、最愛の父亀太郎もクリスマスにこの世を去った。大きな喪失感を抱えながら、愛子は一蔵と共に、柏木の聖書講堂で有志によって続けられていた日曜祈禱集会に参加していた。一蔵も度々講壇に立って話をした。しかし、三周年の後、高弟たちがそれぞれ独立し、自分たちの会を持つようになると、二人は、内村が亡くなる少し前に独立して、丸の内で日曜集会を開いていた高弟塚本虎二の集会に、通うようになった。若い塚本の聖書講義は、荘厳とも言えた内村とは違ってみずみずしい力があり、多くの若い女性たちが集まっていた。また広い聖書知識に基づいた、愛子もまた心躍らせ、目を開かされる話だった。恩師内村の死の痛みを忘れさせるほど、塚本の言葉は霊魂に達するような気がしたのであった。そして、愛子の胸に「ああ、どうかして聖書を学びたい。聖書を勉強したい」、そういう願いが油然として湧き上がった。

4　弦巻時代

現在世田谷区地域風景資産に指定されている駒沢の給水塔の周りも、当時は浄水場で、一帯は淀橋と同じく美しい緑の園であった。広い芝生には花壇が作られ、いつもきれいな花が咲いていた。周りは石垣がめぐらされ、鉄の門にはきれいな唐草模様が施されていた。長男恵一が小学校一年生に上がると、一蔵は砧浄水場の初代所長に抜擢され、寳田一家はその浄水場の中心だった駒沢給水塔近くの官舎に転居したのである。給水塔周辺は子どもたちの格好の遊び場であった。一蔵は恵一が二年生になって、逆上がりができるようになると、事故のないようにどのように給水塔に登ればよいかをしっかりと教えたのである。恵一はそのことを後に書いている。まず一番に言われたのは、「雨の日には気を付けろ」であった。高さ二メートルほどの芝生に覆われた土塁に上がると、その上に一・五メートルのコンクリートの基盤があった。さらにその上に本体の二つの巨塔、「双塔」が聳えているのである。ここで裸足にならなければならない。北側の櫓に回り、北側だけにつけられた幅五十センチ奥行き三十センチほどの鉄の階段を上るのであるが、その階段は素通しの雨ざらし、十段ほど登り、向きを変えてまた十段。これを五回ほど繰り返すと、踊り場はどんどん狭くなり、下を見ると道路や樹木が小さく見えるようになる。一蔵は「下は見るな、両手で階段にしっかり摑まれ」と恵一に告げるのである。父は随分下の方で声を掛けていたように思われたが、あっという間に恵一のすぐそばに来ていた。一蔵はその時、船乗りだったあの頃の、頰に風が当たる、身の軽さを感じていたのである。自分の息子に、多少なりとも船に乗ったときの爽快感を味わわせてやりたかったのだ。恵一は塔の上から三軒茶屋方面を眺めるのが好きだった。また、鮮明に記憶されている忘れられない情景がある。ある夜父が塔の底に降りて貯水塔内部壁の点検を行ったことがあった。水はすっかり抜かれ、懐中電灯一つで一蔵が深い闇の中に鉄梯子を伝って降りて行ったのを、恵一は塔の上から息を呑んで見ていた。その時父の偉大さを全身で感じたのであったが、どこか底知れない孤独感がこみ上げてきたのだった。

こうして、駒沢給水塔は恵一の縄張りとも言える、自慢の遊び場となったのである。末娘の文子はそこで生まれ育ったのであったが、お転婆な文子は給水塔の芝生に覆われた土塁に登ってくることもあった。途中まで登ると怖くなって、戻ってくるのだった。

子どもたちは緑の中を駆け回り、元気に成長していった。賓田の家族にとってこの頃が最も穏やかで愛に満ちた暮らしだったと言えよう。愛子の姉操の三男の謙三もときどき遊びに来ていた。謙三はまだ小学生低学年だった頃、学齢前の恵一の知的な早熟さに驚いたことを覚えている。平仮名は勿論、漢字まじりの本をすらすらと読んでいた。それは、愛子が丁寧に教えていたからに他ならない。愛子はここでも、近所の子どもたちを集めて、聖書を教えていた。賓田の家ではいつも子どもたちが飛び回っていた。

しかし、一蔵の家族に対する態度に変化が現れたのもこの頃である。初めは中学に上がった恵一が、櫓に上る前に裸足にならなければならない約束を破って、下駄で音高く階段を上った時であった。一蔵はその晩恵一を呼び出し、その振る舞いを激しく叱ったばかりか、棒で打ち据えたのであった。愛子も、娘たちもその怒りの激しさに驚き、声を失ったのであった。また、恵一は利発で学校の成績も良かったが、一蔵とは違い、文系の学科、殊に英語を能くした。理系に強かったのは三女の信子であった。信子は物理も数学も良くできて、一蔵の心をよく読み、いつも父に寄り添う娘であった。恵一の数学の試験の結果が芳しくないと、一蔵は怖い顔で恵一を呼ぶのであった。信子が傍にいれば、必ず、「パパ私が行きます」と一蔵にぶたれに行くのである。文子はそんな父が大嫌いであった。「信子お姉ちゃま、どうして行くの」と尋ねると「だって、パパはあの時ぶちたかったのよ」と言ったものだ。文子は成長するにしたがって、「パパ止めて」と叫んでは声を上げて泣くのであった。愛子は自分が身代わりになることもあったが、何もできない玲子と共に心を震わせ、静かに涙を流していた。時には、子どもたちにわからないように英語で一蔵に折檻はやめるように頼むのだった。

さて、内村の後継者と目されていた塚本虎二は、官舎のあった弦巻からほど近い、桜新町に住んでいた。塚本は関東大震災で妻園子を亡くし、長男晃と長女嗣子を遺された。再婚を決めた女性がいたが、その婚約を内村に報告する段になって、内村との行き違いが生じたのである。また、「無教会主義」をめぐって内村から不一致を指摘され、結局、塚本は独立し、再婚は取り止めとなった。妻の死後子どもたちの世話は、妹善子が引き受けていた。善子は塚本同様内村の門下に入っていた。善子もモアブ会の会員であった。兄が独立しても、善子はモアブ会を出ることはなかった。塚本の博識と頭の回転の速さには定評があったが、善子はそれに輪をかけたような聡明な女性であった。また、いつも凛として氷の女王のような威厳があった。誰もが彼女に一目置き、善子のいうことには従った。しかし、だからこそ、冷徹とも見える、人に有無を言わさぬ強さがあったのである。善子の心には、自分も結婚して家族を持ちたいという願いがなかったとは言えない。しかし、兄の才能を見抜いてもいた。自分が支える他はないのだった。塚本は、毎日曜日の聖書集会の他に、新約聖書の翻訳、福音書の対比を示す『福音書異動一覧』、そして、月刊誌『聖書知識』の発行で、多忙を極めていた。彼の周りには常に数人の女性スタッフが忙しそうに働いていた。子どもたち、殊に晃は、市立一中の同級だった恵一と近所のよしみで、寳田の家に入り浸るようになった。晃にとって寳田家に行くのは、恵一との友情ばかりでなく、優しい愛子に母の面影を重ねてもいたのだ。また、物知りの恵一と晃は、妹たちとも仲良く遊ぶようになった。特に年の近い玲子と晃は気が合い、いろいろな話をするようになっていた。

5　戦争の爪痕

ところで、一蔵が水道局を定年退職した後は、洗足池に家を建てて、家族で住むことを決めていた。その家は愛子が設計したのである。ところが、一蔵の退職前から世界情勢はきな臭くなっていた。彼は東京市より、南京水道応急事業維持管理監督のため、水道長として南京に派遣された。その任務も終わり、帰還していよいよ市を退職するとすぐの冬に、太平洋戦争が勃発したのである。帝国軍による真珠湾攻撃によって対米開戦の騒ぎになった。日本は速やかに燃料確保の道を探らなければならなかった。一蔵のもとに、三菱石油スマトラ、パレンバン第一製油所へ陸軍調員として派遣するという通達が届いた。石油確保のための水道設備の維持管理を任されたのだった。これまでに培った高い機関技術ゆえに、一蔵は国の要請に応え、時代の流れに身を投ずる他なかったのである。こうして一蔵と愛子は離れ離れの生活を余儀なくされたのである。

二十八日午前四時、下志津出発。天空は晴朗にて我等の行を祝福されたるが如し。特別列車にて田端、巣鴨、新橋、渋谷、五反田を経て品川着。〇〇にて朝食。直接出発。品川鶴見線（内の二階から見える鉄道線）を十時頃通り、それより東海道線を南下し、京都、大阪、神戸、私は夢の中、翌二十九日朝十時半宇品着。同午後三時半ごろ乗船致した。船は僕が前に乗ってた「ボストン丸」と同型の船室懐かしく感じました。但し、船乗り時代のゼイタクは出来ず少々閉口した。ただ同窓の方々のご便宜により僕だけはいくら楽ができます。商船校同窓諸君の活躍、快心。デハ祖国を離れるに望みて。小生健康なり。

これは一蔵がインドネシアに出発した時愛子に送った葉書である。一蔵を送り出して留守を守る東京の寶田家では、快活でお転婆な文子が、その実態を何も知らないまま、小学生の学童疎開のことを学校から聞いて帰ってきた。お友達皆と遠足があるのだと信じ込まされて、どうしても私も行くとわがままを言って、聞く耳を持たなかった。姉の玲子は「遠足なんかじゃないのよ」と泣きながら説得したが、「お友達と一緒で楽しいのよ」と大喜びで、静岡の掛川という田舎へ行ってしまったのだ。文子はすぐに食事も満足にもらえない現実に直面し、ホームシックになって、今度はどうにも家に帰りたくなったのである。愛子はそんな幼い文子が不憫で、兄が手術をしたのでその看病をさせたいという口実を作って、信子を迎えに出したのである。恵一は弦巻の家にいたときに足に負った大やけどが元で、後々手術をくりかえすようになっていた。ようやく文子は戻ることができたが、体中シラミだらけであった。今度は帰ってきても、東京ではもはや小学校に戻れないようになっていた。鋭い分析で、恵一は開戦前からこの戦争は負けると見ていたが、始まってみるとまったく先の見えない毎日であった。恵一がどこかから茨城県の石岡なら入れる小学校があると、探してきてくれた。戦況もだんだん激しくなり、愛子は、文子と信子を連れて石岡に疎開する決心をした。そうして寶田一家は別れ別れになった。玲子は青山学院女子部の寮に入っていた。

時代は少し戻って、まだ戦争に入る前のある夏のことであった。千葉の海に一家で避暑に来ていたときのことだ。一蔵が海岸を散策していると、女の子が溺れかけているところに遭遇したのだった。彼は咄嗟に海に飛び込み女の子を助けて浜に上がったものの、運悪く耳に水が入りそこに倒れこんでしまった。女の子は慌ててやってきた両親が連れて帰ったが、一蔵のことは気にもかけずに立ち去ってしまったということだ。しばらくして心配した愛子がやってきて、倒れている一蔵を見つけて、急いで医者に連れて行ったが、一蔵は以後耳鳴りと、ぶり返す化膿とに苦しめられることになる。

さて、敗戦間際は米軍の空襲があちこちで発生し、東京も大きな被害を連日のように受けていた。文子は石岡の畑を歩いていた時、米軍の爆撃機が低空飛行をして、まるで自分が狙われているかのような恐ろしさを感じたのを、今でも震えながら思い出す。その時一蔵は洗足の家に戻ってきていた。というのも、傷めていた耳の調子が悪くなり、治療のため、予定より前に帰還してきていたのである。そんなある日、愛子は疎開先の石岡から洗足の家にいた一蔵と玲子、二人のために食糧を背負ってやってきた。帰り際、玲子に、「戦争は悪くなるばかりだけれど、私たちは目を覚ましてどんな時もイエス様のために最後まで耐え忍びましょう。そのためにも聖書を毎日読んで、遠く離れていても祈りによって一つとなることができるのですよ」と言い残して帰って行ったのだった。

母が帰ってから聖書を開いたものの、玲子はうたた寝をしてしまった。気が付けば警戒警報が鳴っている。それからわずか十五分も経たないうちに空襲警報が鳴った。頭上にはB29大編隊が来襲していた。慌てて防空壕に駆け込むと同時に、轟音と焼夷弾の雨が降ってきた。壕から見上げると、家の廊下に焼夷弾が落ちて燃え始めていた。両隣りも、奥隣りも、火の海になっていた。一蔵は咄嗟に布団を持って飛び込んだ、それを見ていたら、何も考えることなく、玲子も父の後に続いて、バケツを持って走り込んだのである。気がつけば、父と二人で夢中でバケツ・リレーで水を汲んではかけして、消し止めていた。何度水を汲んだかわからない。ただそうやって、家が助かった。二人とも命懸けだった。そして、消火が確認されて終わった時には、精魂尽き果てて倒れこんでしまった。目が覚めたらもう夕方だった。玲子も父も共に何も食べないで眠りこけてしまったのだった。しかし、悲しいことに、そうやって、家を火の手から助けて、ほっとして起きたところで、すぐ食べられるものは何もない現実があるだけだった。玲子は、あの時のことは忘れない。私が母の言いつけを守らず、眠ってしまったせいではないかしら……。思い出すとただただ涙が出てくる。きっと、父も同じ思いをしたことだろう。いや、もっと激しい喪失感を味わったのかもしれない。消し止めようという一念で、そうやって救った家だったのだけれど、一蔵はその後すっぱりとその家を売却してしまうことになるのである。あの時のことを思い出す度に、一蔵のその気持ちはまったくわからないと、玲子は思うのである。その頃一蔵と愛子の意思疎通がうまくいっていなかったのではないかと、玲子も文子も思い返す。

6　村上の試練と召命

敗戦になり、家族全員が無事で、やっとまた一緒に暮らせるようになった。その頃、村上の一蔵の弟賢次から、自分が家を守るから、家督を譲ってほしいと、一蔵に何度も打診があったのである。家屋敷、田畑、火薬の権利、一切を手に入れたかった弟に言われるまま、一蔵は村上の財産を弟に譲るという書類を書いて、わざわざ自ら新潟まで出向いて行って役所に提出してしまった。一蔵は賢次を早稲田大学に通わせ、妹たちの金銭的な面倒は見てきていた。賢次の、お兄さんの面倒は見ます、大事にしますという言葉を疑うことなく、すっかり信用したのであった。人が良いにもほどがある、とその後の、豹変した賢次の態度と、貧しかった生活を思い出すと、玲子も信子も文子も腸が煮えくり返る思いがするのである。一蔵は愛子にまったく相談しなかったのだ。それは、やはり、長い間自分は家を出て外国で暮らし、家のことを弟に任せ切りにしてきたという家長としての負い目があったのだろうか。それに、賢次に家督を譲って自分は生まれ故郷で隠居する、という意味合いがあっただけのことかもしれなかった。一蔵は還暦を迎えており、耳の調子も悪く、敗戦の疲れを感じていたのかもしれなかった。故郷に骨をうずめたいという希望があったのかもしれない。愛子は、一蔵の気持ちをあれこれ察して何も言わず黙って従ったのである。

そうして一蔵は玲子と二人で、命がけで救った家も売却し、戦後すぐの九月に一家で村上に帰ったのであった。玲子だけは青山学院の専門部に在籍していたため、荷物だけ持って一人東京の寮に残った。皆を上野駅に見送りに行って、母たちの姿が見えなくなるまでずっと立って見ていたのを覚えている。心細く、とても寂しかった。娘三人を抱える一蔵は、米軍の上陸を恐れていた。第一次世界大戦後のドイツで女性たちがひどい目に遭ったことを見聞きしていたので、娘たちを守るために村上の方が安全だと考えたのだ。敗戦直後、九月初めには村上に移った。

ところが、驚いたことに、村上では心配したそのアメリカ兵がずらっと秩序正しく立っていた。アメリカ軍は日本のことをしっかり調べあげた上で、地雷がたくさん仕掛けられていた遠浅の新潟の海を避けて、村上近くの瀬波から整然と入ってきたのである。すぐさま陸に上がって、駐屯地を配備した。しかし、そこには通訳する人がいない。間もなく一蔵のところに、その仕事が舞い込んだのであった。当時のアメリカ兵は、みな紳士でいやな思いは一度もしなかった、と文子は思い出す。上陸したのは、本国から連れてきた兵隊たちで、戦争で実際に襲撃した兵隊とは別の部隊だったという話もある。人懐こい文子は学校帰りに父の所に寄っては、米兵からちゃっかりチョコレートをもらったりしていた。

しばらく実家の母屋に居を構えた一家だったが、ひと月もしないうちに賢次の態度ががらりと変わったのだった。この家はもう自分のものだ、兄さんたちは出て行って欲しい。そう冷たく言うようになった。驚いたのは一蔵と愛子であった。譲ったのは法律上の所有権だけで、滞在する権利まで手放したのではない。しかし、賢次は頑なだった。怒りとショックで震える一蔵の傍らで、愛子は妹の一人に頼み込んで彼女が住んでいた二軒長屋の二階に住まわせてもらえることになった。そして、弟から、これまで自分たちのものだった畑を新たに借りて耕し、愛子は野菜を作るようになった。貸してもらえた畑は長屋から二、三キロは離れており、華奢な愛子だったが、毎朝鍬を担いで野菜作りに通ったのである。食糧難の中、どうしても口に入れる物を自分で作らなければならない。初めての農作業で疲労は極限に達し、ある日愛子は畑からの帰り道で一歩も動けなくなってしまったのである。

しばらく地面にうずくまり、ようやく顔を挙げて天を仰ぎ、愛子は主イエスにこの苦しさを訴えたのであった。「主イエス様、あなたは愛の方ではないのですか。何故、私はこんな苦しみに会うのでしょう……」。祈っているうちに、愛子は体がだんだん軽くなってゆくのを感じた。心も温かくなり、楽しくさえなってきたのである。すると、ひとりでに笑いが浮かんできた。本当に笑ったのかどうかはわからない。だが、愛子は自分の心の中に笑いをはっきり感じたのである。そして、「あら、私は何で今笑ったんだろう」と思った。素晴らしい気持ちになった。心の中が豊かになって、突き上げるような喜びが感じられたのだった。「イエス様のことを考えたら、こんなに穏やかな気持ちを取り戻すことができるのだ」。愛子の心にはすぐ、私みたいな人がここにはいっぱいいる、と思い浮かんだ。戦地の中国や朝鮮半島から引き揚げてきた人たち。親や子どもを亡くした人たち。家を焼け出された人たち……。私と同じく何もかもなくして、失望しているこの日本の同胞たちにもこの話をしないではいられない。国中の人にこの慰めを、この喜びを分ちたい、そう思ったら、矢も盾もたまらなくなったのである。これまで愛子の中に深く沈んでいた父亀太郎の伝道の情熱がむっくりと首をもたげてきたのであった。「お父様は、どんな迫害にもひるまなかった。そして、『うれしいねぇ』と笑っていらしたではないか」。愛子は父のあの言葉が今初めてこの身にわかったのだった。

自分がこれまでただただ悲嘆に暮れて、イエス様のことをすっかり忘れていたことを恥じたのである。私がたった一つだけ持っているのは、神様を知っていること。自分は無価値で、何にもできないけれど、神様を知っていることは誰ともシェアできると思った。その日は、人が変わったように足取り軽く家に帰ってきたのである。

この当時のことを後に愛子は「恩恵」と題するエッセーに以下のように書いている。

日本の敗戦は同時に我が家の敗戦であった。無一物になった主人、私はよそ者で一人の友人知己なく厳しい配給生活の中で家族を養わねばならない。夫や子供たちに見せる笑顔を作っても、心からの笑いは忘れてしまった。その日も一ヶ月前まで我が畑であったところを貸してもらって、少しの野菜を作るため耕し終えて帰る途中ふと笑いが溢れた。おや、私は今笑ったわ。何が嬉しかったかしら？　ああ、神様のことを考えていた。ああ神様のことを考えればこんな時でも笑えるものなのね……。主に在りて私たちの人生は楽しい。

（『青山学報』一九八二年一二月より）

家族全員が怒りと悲しみに打ちひしがれていたが、突然「ホームの女王」が笑顔で戻ってきたのであった。一蔵はあの優しくて明るい愛子が帰ったとすぐわかり、嬉しかった。その頃妹の長屋の隣が空いた。ようやく、その隣に移ることができた。とは言え、安普請の二階長屋に違いはなかった。長男恵一も大学受験を待つ間、英語を教えて家計を支えていた。そして、愛子は探してきた板切れに迷うことなく、「無教会聖書講義所」と書いて、その看板を家の前に掲げて集会を始めたのであった。また、集会の案内を紙に書いてビラを作り、街角に貼って回ったということである。愛子の行動力に弾みをつけたのは、購読を続けていた塚本虎二の『聖書知識』一九四号（一九四六年六月九日）に掲載されていた「聖書講義所の開設」という記事である。それは以下のようなものであった。

米国では戦災を受けた全世界の新教教会復興のため一八の新教教会が合同して一一八、〇〇〇、〇〇〇弗の募集を始め、すでに大分集まったとのことである。我が国の教会ではそれを待っているようであり、多分間もなくその行為に浴することが出来るであろう。また宣教師派遣のことも問題になっていると聞く。

しかし私たち無教会では会堂は要らず、また所謂万人祭司主義で一人一人が牧師、宣教師である。誰に遠慮気兼ねもないから、一足お先に一人一人が、或は数人集まって、「無教会聖書講義所」の表札でも出して伝道を始めたらどうであろう。十二

使徒たちのことを考えれば、本誌読者の誰一人「私はまだよく聖書がわかりません
ので」などと逃げ口上を言うことは出来まい。

愛子にとって、この一節があたかも自分自身のことを指して言っているように感じられたとしても不思議はない。塚本のこの言葉に支えを得て掲げた「無教会聖書講義所」は、愛子の誇らしい新たな人生の始まりであった。私に力をお与えくださった神様を人びとに知らせましょう。この慰めを人びとにお分けしましょう。そういうやむにやまれぬ願いが内側から突き上げてきたのだった。

塚本虎二が丸の内集会を立ち上げたときから発行を続けていた月刊誌『聖書知識』は、丸の内集会に出席する門弟たちばかりでなく、愛子や一蔵のように地方在住の多くの無教会キリスト者たちが心待ちにする聖書研究誌であった。内村亡き後、内村が発行していた『聖書之研究』は廃刊となった。以後、塚本の『聖書知識』（略して読者は『聖知』と呼んだ）は、無教会キリスト教信仰の大きな、そして、深い源泉となっていったのである。聖書学の専門知識に裏付けされた聖書講義のほかに、雑録雑感というコーナーも設けられていて、折々の塚本個人の身辺雑記や、世界情勢、社会問題などを反映した話題が、洒脱な筆致で書かれ、とりあえずそこだけを楽しみに待つという読者も多かった。

愛子は、それでも最初は家族だけの聖書集会を公開するというような心積もりをしていた。しかし、恵一の生徒が二人やってきた。一蔵が司会をして集会が始まり、愛子が聖書の話をしたのである。次第に五人、六人と集まるようになった。集会の後は、愛子が出席者たちの話を聞いた。誰もかもが生活に追われ、厳しい日常の話を聞いてくれる人などいなかったのである。午後には、子どもたちに向けて日曜学校が開催された。そこには二十人もの子どもたちがやってきた。二階の部屋は溢れかえり、安普請の家が傾いて玄関の戸が開かなくなったという。彼女はこんなにも子どもたちは神の言葉に渇いていたということに気付いて、今更のようにはっとしたのである。この時から愛子は、地に宝を積む一切のことから解き放たれて、天に宝を積む霊に導かれた伝道者になったのである。こうして、一蔵の助けを得て、一九四六年九月一日から一九五〇年頃まで、毎日曜日一日も欠かすことなく日曜集会を守った。その後、彼女は意を決して、困っている人たちを訪問したり、病院へ赴いて病床にある人たちへの訪問集会を開くなど、休む間もなく伝道の道を真っすぐ歩き始めたのであった。

愛子の説教は、塚本の教えに多くを負っていた。それは、愛子に限らず他の無教会キリスト教伝道者たちも同様であった。ただ、愛子の場合、自ら地図や図版、系譜などを微細に描いて、イスラエルという遠い異国の、古代の文化をわかりやすく解きほぐし、柔らかな語りで教えたので、子どもにも大人にも受け入れられていった。また、短い聖句を覚えるように集まってきた者たちに促した。会の初めはそれを暗誦させるのである。内村の所で担当していた日曜学校の経験は大いに役立ったのである。

こうして、村上は愛子の伝道の故郷となった。

7 愛子の伝道

戦争直後の食糧難にあえいでいたのは寶田家の子どもたちばかりではなかった。村上でも多くの子どもたちが栄養不足によって、病に苦しめられていたのである。瀧澤豊も結核で絶対安静を言いつけられ、暗い顔をして寝ていたのだった。まだストレプトマイシンなどの薬はなく、ただ寝ているだけが養生であった。しかし、日に日にやせ細る自分の肉体が豊には重荷だった。そればかりでなく、心の拠り所を見つけられないことが一層大きな苦悶としてのしかかってきた。虚無という病魔もまた、豊にとり憑いていたのであった。瀧澤の生家は禅宗の檀家で、『修證義《しゅしょうぎ》』を読もうとしたが続かなかった。恩師から借りた内村鑑三全集に「死の慰藉」という短文を見つけ聖書を読むようになっていた。豊の父は歯科医であったが、一蔵の中学時代の同級生だった。豊は一蔵の妻愛子が内村の弟子で、聖書の話をしていると聞き、父に頼んで、家に来てもらったのである。愛子の話を聞くにつれて、死への恐怖は薄らいでいった。しかし、今度は神の言葉を信じられない苦しみに苛まれることになった。愛子は、ただ豊のそばで祈った。豊は後に次のように記している。

私は今にして沁々と感ずる。賓田先生が何時も涙を流して祈られた。その涙は、罪に打ちのめされ、本心に立ち返った人間の偽らざる姿であると同時に、十字架によって根本的に救われた歓喜の涙であった。

（新潟県郷土誌『蒲原』一九九一年八一号より）

愛子の祈りは、ついこの間自分が経験した喜びをこの若者に分かち合いたいという、その一心から出たものである。主イエスを心に抱き、神の愛がとめどなく自分に注がれていることを知りさえすれば、体の芯から喜びと笑みが湧いてくるのである。その祈りには、その場を共にするものを動かす温かい力があった。瀧澤の父は息子が笑うようになったと、手放しの喜びようだった。愛子はクリスマスになると子どもたちを集め、豊が寝ている部屋の窓の下や病院へゆき、クリスマス讃美歌を歌わせた。今で言うキャロリングで雪の中を慰問したのであった。

イースターになると、皆で劇をすることになった。当時の子どもたちには娯楽は映画館があるくらいで、他には何もない。小学校の講堂を借りて、愛子が直した古着の衣装を着てシンデレラを演じ、歌を歌わせた。多くの子どもたちは、戦争で疲れ、酒を飲んで酔っ払っている親との日常の中にあった。そういう暮らしの中で、ちょっとした非日常を愛子が差し出したことで、子どもたちはとても喜び、夢中になったのである。

こうして神の愛を語り始めた愛子に忘れることのできない二人の少女との出会いがあった。一人は、愛子たちの住む二軒長屋の向かいに住んでいた家の娘である。具合が悪くいつも寝ているとその母から聞いた愛子が早速見舞いに行くと、日曜日になると聞こえてくる讃美歌を聞くのが楽しみだと言うので、

神様は軒の小雀まで、おやさしく、いつも、守り給ふ
小さいものをも、恵み給ふ……

（『幼児さんびか』十八番より）

と二人で讃美歌を歌って帰った。ほどなくするとその娘は、もうどうしても死は免れない様子だと言うので、今度は、心を定めて話しをした。人の体は誰も皆朽ちるものである。病で朽ちる人もあり、老衰して朽ちる人もある。しかし神様を信じる人の魂は生きるのです。イエス様は私たちに生命をあたえるために十字架にかかられたのです。イエス様にお祈りしておすがりすれば、天国の子にしていただいて永遠に生きるのですよ、と話した。もう一度、「神様は軒の……」を共に歌おうとしたが、もう娘の声は出なかった。ただ力の限り歌詞通りに口を動かしていた。共に祈り、喜びの涙で別れたのである。その三日後の朝、母親が来て、昨夜死にましたということであった。死ぬ間際に、お祈りをするから、手を組ましてくれと言うので、手を組んでやると、神様にお祈りをして、「私は死ぬのではない。これからイエス様のところに行って永遠に生きるのです」と、ほんとうに平和に、喜んで死にました。こんな死に方を見たのは初めてですと愛子に告げたのであった。話したのはわずかに二度。しかもイエス様の十字架についても詳しいことが言えず、たったの十分くらいだった。何と素直な信仰を神様はお与えになったことでしょう、と思うのである。父亀太郎の口癖、「本当にうれしいねぇ」が耳元で聞こえてきた。

もう一人の少女は、田中和子である。日曜学校の生徒で、熱心に出席していた。愛子は村上を引き上げた後も、子どもたちの信仰を育てたいという思いから季節ごとに村上を訪れていた。二回目に帰ってきたとき、和子がいないのに気が付いた。病気だと聞き、見舞いに行くと、丁度聖書を開いていて、以前愛子が教えた、マタイ伝二十五章の「十人の乙女の譬え」を読んでいたところで、思いがけない愛子の訪問に驚き、嬉しさのあまり、一言も口を利くことができず、ただただ愛子の顔を見つめて、真珠のような大粒の涙を頬に流して喜んだのである。その後、元気になった瀧澤豊に、愛子に代わって和子の信仰の導きを頼んだが、和子の病はますます重くなるばかりだった。たった一人の導き手であり、訪問者であったその豊も国家試験を受けるため、しばらく上京することになってしまい、取り残された和子の悲しみと悔しさは谷底に落ちる思いであった。しかし、豊が上京前に置いて行った塚本の『聖書知識』によって和子は、すっかり変えられたのである。「生命の道と死の道」を説く短文を読んで、悲しみ悩んでいた彼女は喜びの人、希望の人となった。和子は、「これで頭がスーっとした。涙でザーザー頭の中が洗い流されたよう。嬉しさでいっぱいになった」と告白したのである。そして、いよいよ死が迫ったとき、「イエス様のところにお嫁に行くの。寳田先生から頂いたあのピンクのリボンをして、きれいにして下さい。私、死ぬんじゃない。イエス様のお嫁さんになる」。そう言って、歓び勇んで召されたのだという。その歓び極まった死に方に和子の両親は打たれ、聖書を学んだこともない二人から愛子が受け取った電報の文言は、以下の通りであった。

「カヅコ、昇天ス」

和子の死は、まったく天国へ上がったことであったのだ。あんなに苦しみもがいていたのに、さっぱりと、主イエスのところに嫁入りしたのである。花嫁衣装は、文子のおさがりのリボンにきれいにアイロンをかけただけのものだったが、色白の和子にピンクは似合っただろう。それ以後、愛子にとってマタイ伝二十五章一節から十三節の「十人の乙女の譬え」は、十八番といえる説教の題目になった。繰り返し女性たちを前に話すうちに、話は深まり、和子の逸話がこの譬え話を説くのに最も相応しいのであった。そして、集ったものたちも何度聞いても、愛子の話に涙を流すのであった。

「十人の乙女の譬え」は、イエスが語ったとされる譬え話である。

婚礼の宴が行われたある夕べ、十人の乙女たちが、花嫁が待つ家の外で花婿の到着を迎えるためにランプを灯して待っているが、花婿は遅れ、乙女たちは眠気がさして眠り込んでしまう。夜も更けたころ、「花婿の到着だ」と叫び声が聞こえて、乙女たちは一斉に目を覚ます。持っていたランプは眠っていた間に油が切れそうになっている。十人のうち五人は、しっかり予備の油を用意していて、それを注ぎ足すことが出来たが、残りの五人は予備の油の準備はして来なかったのだ。あわてて、自分たちにも油を分けて欲しいと頼んだが、油を持っていた五人はそれぞれ自分の分しか持っていなかったため、店まで買いに行かなければならなかった。五人がその場を離れたまさにそのとき、花婿が到着してしまった。油を買って急いで戻って来た五人の眼前で門は閉ざされ、油の用意がなかった乙女たちは門の外で「主よ、主よ、どうか開けて下さい」と叫んだが、婚礼に参加することは、できなかった。

という話である。色々な解釈がある。花婿とはイエス・キリストである。花婿の到着とはキリストの再臨である。油を持っていた五人が足りなくなった五人に油を分けなかったのは非情ではないか。いや、そもそも準備を怠った方の五人が愚かなのである。はたまた、十人の乙女たちこそ、イエス・キリストの属性を示すものである。花婿や門番は、イエスを受け入れようとしない我々のことだ……等々。が、愛子はいつも、油は信仰であり、信仰は他人に分けることはできないのだから、いつでも一人ひとりイエス様に向かっていなさいと教えた。そして、その最も相応しい例として和子の話をしたのである。和子がたった一人取り残されても、『聖知』を読んで学んだのは、「いのちの道と死の道は天と地の如く異なっているが、また紙一重ということもできる。人は皆罪の子であって、罪を犯すことにおいては甲も乙もない。ただキリストは突然やってくる。その日のためにする心構えこそが大切」という塚本の言葉によって、和子の目ははっきりと天に向けられたのである。人生の最大問題は、罪から解き放たれることにある。キリストに就くことにある、と和子を思う力強い言葉が、愛子の口からとめどなく溢れてくるのであった。

この話をするとき愛子は、和子の葬儀にも参列したことを語っている。村上行きの汽車賃は乏しい家計には苦しい出費で、金の工面が大変だったこと。また、豊は、和子には百合の花をささげるのが相応しいと言い、さらに大きな出費となったのだった。どういうわけか、愛子はその自分の困窮も、集まった者たちに包み隠さず話すのであった。

8 破門

さて、東大に挑戦した恵一は、なかなか良い結果が出なかった。第二次も合わせて三回ほど受験したものの、結局青山学院に入学したのである。恵一は今井館の一隅を下宿として住まわせてもらうことになった。また、父譲りで数学が良くできた信子は、一九四六年三月に村上高等学校を卒業すると、東京の津田塾専門学校数学科に補欠入学を許されたのである。当時女性専門の大学は存在せず、専門学校と呼ばれていたのである。東京に一人残っていた玲子は、青山学院女子専門部の寮に住みながら、塚本の丸の内集会に通っていた。

内村の集会から独立した塚本の集会には、多くの若い受講者たちが集まっていた。ほどなくして内村が亡くなった後は、内村の受講者をも大分吸収する形になり、常時三百人から三百五十人が丸の内集会に集まるようになっていた。当時の受講者たちの話を聞くと、塚本には格別な品が漂い、物腰が柔らかで、優しさが溢れていた。毅然としたところがあった内村に対して、塚本は何事においてもしなやかだった。集会には内村同様モーニング姿で、銀髪の立ち姿全体からオーラが漂っていたという。そして、聖書講義の声は張りがあり、女性たちが口々に「先生は私の目を見て、ああ仰有った、こう仰有った」と、出席者一人一人が自分に語りかけていたと感想を述べるような、塚本の講演には余人には真似のできないカリスマがあった。村上で集会を始めた愛子にとって、塚本が発行する『聖書知識』は貴重な聖書講解の源であった。毎号隅から隅まで読み、愛子自身の話に煮詰めてゆくのである。愛子のような地方在住の購読者も多くあった。

玲子にとって、日曜日の集会の先生の話は魅力のあるものだったが、それよりも晃との話の方がよほど楽しく、面白かった。善子は子どもたちが成長すると、塚本の集会の中の事務一般にも目を配るようになっていた。寶田一蔵と愛子が村上に移ったこと。そして、零落した暮らしを余儀なくされているらしいこと。東京に残っている玲子と晃とが、寶田恵一を仲立ちとして、幼馴染のまま親しくしていることは良く承知していた。しかし、善子は間違いが起こらないよう、未然に防がなければならないと考えていた。塚本は善子の考えを受け入れていた。ある日、玲子のところに青山の英語の先生から夕食への招待があった。その先生も日曜日には同じ丸の内集会に通っている人であった。久しぶりにご馳走にありつけると喜んで玲子が部屋に入って行くと、その英語の先生の隣に見知らぬ男性が座っていた。食事がすむと、先生がその男性は、塚本先生の一番弟子の甥御さんだと紹介し、あなたを是非にということだと知らされたのである。玲子は突然の出来事に驚き、立っていられないほど血の気が引いてゆくのを感じたのであった。それは、先生の話では、塚本先生によって双方の両親の承諾もすでに取ってあり、婚約式の日取りまで整っているということであった。それでは、この事を知らなかったのは、本人である自分だけであったと気づいたのだ。一体何が起きていたのだろう……。

実は、村上の一蔵と愛子の元にはこの縁談話が塚本から直々に知らされていた。二人は、玲子も了解していると告げられていたので、本人からいずれ便りがあるだろうと、納得していたのであった。尊敬する塚本からの縁談である。本人が納得しているなら、間違いがある筈はなかった。当時は電話もなく、手紙も届くのに一週間はかかったのだ。一方、突然の申し出に腰を抜かした玲子は、ただ事態を呑み込むのに時間が必要であった。すぐ村上に帰るわけにもゆかず、婚約式になるまで、どうしたらいいのか方策も考えつかず、気持ちだけが堂々巡りして、どうすることもできなかったのである。そうこうするうちに、村上から上京した愛子と共に玲子は、塚本自らが司式した婚約式に臨んだのであった。そして、家に帰るなり母に、心のうちを洗いざらい打ち明けたのである。

婚約式の前に晃に会いに行った玲子に、善子が冷たく言い放った言葉が耳から離れない。「家の嫁はね、女高師（女子高等師範学校、現在のお茶の水女子大）出じゃないとね」と、玄関を出ようとする玲子の背中越しにそう言ったのである。そして、「あなたのお兄様も東大に通っていらっしゃるわけでもないし……」と続いたのだ。恵一は晃と共に東大を受験し、晃だけが合格していたのだ。玲子は、冷水を浴びせかけられたような寒気を感じた。「誰が行くもんか」とその時に反抗心が沸き上がってくるのを感じたのである。「愛する晃さんのことを、私忘れない」と心の中で叫んだ。そして、振り返りもせず、塚本の家を去ったのである。後に恵一は、「玲子、ごめんな」と済まなそうに謝ったということだ。

愛子は泣きながら訴える玲子の言葉を静かに聞いていた。そして、塚本のところに、この縁談はなかったことにして欲しいと断りに行ってくれたのである。塚本は、それを聞いて即座に、愛子と玲子を破門したのであった。このことが愛子にとってどれほどの痛手だったか、その時玲子にはっきりわかる余裕はなかった。しかし、時が経つにつれて、自分がどれほどの苦難を母に覆い被せてしまったのか、慙愧の念に打ちひしがれる思いだったのである。それは、漸く一人立って伝道を始めたばかりの母が、敬愛する信仰の師の元を去らねばならなかったことばかりではなかった。塚本を取り巻く者たちの中から起こった誹謗中傷が愛子を責めることになったのである。それでなくても、厳しい生活の中、やっとのことで自分を立たせてきた愛子であった。しかし、娘玲子の悲しみと怒りは同じく母の愛子のものでもあったのだ。こんなに傷ついた娘を抱きしめないでいられようか。誤解ならいつの日か解ける、愛子はただ神に縋る他ないこともわかっていたのだ。主なる神様なら何もかもご存知である。祈りの内に、愛子は主イエスと再び出会ったあの日のことを改めて思い出し、自分の気持ちに正直な玲子をいたわしく、誇りにさえ思ったのであった。

玲子は青山学院を卒業すると、米軍が接収したグランドハイツの幼稚園に職を得た。得意の英語と、人当たりが柔らかで明るい人柄が、米軍家族に気に入られたのである。母と文子の生活を支えるため、本職の他にアルバイトもこなした。伯母信子から習っていたピアノで、米軍の子どもたちのバレー教室で伴奏することもその一つだった。子どもたちの踊る姿は可愛らしく、見ているだけで笑顔になった。働くことはまったく苦にならなかった。日曜学校の先生も担当した。嫌な顔一つせず、いつも快活に子どもたちの世話をする玲子は、母親たちに信頼されるようになった。彼女たちは密かにファンドを募っていたのである。玲子を米国に留学させようというのであった。

玲子は、「今井館ウィークデイの集い」の演壇の上からこの時のことを、母のことを、次のように語った。


母はすべてを犠牲にしてかばってくれたのです。破門――という汚名を母と私は受けました。母の断腸の思い、敬愛してやまぬ先生のもとを去る母の苦しみを思うと本当に申し訳ない気持ちで一杯です。それは、彼女の出エジプトであり、母は人生の荒野へと導かれました。

母はより一そう主に依り頼み、より一そう神に叫び、十字架を負ったのです。イエス対愛子。そこには何の介添えもないまことの信仰をいただいたのでした。その切なる思いが天に届いたのでしょうか。聖書集会が村上の女学校の校長先生に知られ、民主主義の元である「聖書の話」を女学校ですることになりました。

（「小さな感謝」より）

今井館聖書講堂に集っていた聴衆は水を打ったように静まり返って玲子の話に耳を傾けた。これまでタブーとされてきた塚本による破門について、当事者本人の口から聞かされるとは思いもよらないことだった。

9　無教会キリスト教伝道者

さて、愛子伝道所に多くの子どもたちが集まっているという話を聞いた村上女子高等学校の校長が、生徒たちに話をしてくれるように直々に頼みに来たのである。一般校の校長がキリスト教の説教をしてほしいと頼みに来るなど、現代では考えられないことである。しかし、敗戦直後、日本社会で民主主義が声高に叫ばれた時代である。連合軍の駐留を目の前にし、改めてキリスト教への関心が高まったのである。それは、戦中に軍部の厳しい弾圧を受けて屈しなかったキリスト教徒たちの存在が知られるようになっていたこともある。その中には内村鑑三の弟子たちも多くいたのである。日本のあちこちで、聖書を読もうという人びとが増えていたのもこの頃のことである。

愛子は、快く頼みを引き受けて、第一回の講義に臨んだのであった。彼女は日本中すべてを廃墟とし、人びとを貧困に陥れた、この戦争が悪であったことを、どうやって女学生たちに伝えようかと寝る間も惜しんで考えたのである。そして、一九四六年十一月演壇に立った愛子の話は、次のように始まったのである。

くすしき神様の御導きと、校長先生の御熱心に励まされまして、ふつつかながら私は皆様の前に立ちました。皆様と御一緒に聖書を読みましょう。

ヨハネ伝第一章

太初《はじめ》に言《ことば》あり、言《ことば》は神と偕《とも》にあり、言《ことば》は神なりき。
この言《ことば》は太初《はじめ》に神とともに在り、
萬《よろづ》の物これに由りて成り、成りたる物に一つとして之によらで成りたるはなし。

祈り

このヨハネ伝の最初の言葉の意味において、皆様のこの集会が実に意味深きものである事を思いまして、心から日本のために喜び感謝いたします。自らを十字架にかけたその人々のために救いを祈ったキリストの愛による以外に、平和は地上に来ないのであります。その意味から、どうかしてこの国の将来を担当される先生方に、キリストの福音を研究して頂きたく存じます。

私は内村鑑三先生、塚本虎二先生に聖書を教えて頂きましたので、先生方の御研究によって話を致します。

愛子は常に、自分の講話は内村や塚本（そして後には、矢内原）に依っている無教会キリスト教であることを明らかにしてから話を始めた。また、教師たちに向かっても、キリスト教による平和教育の大切さを訴えたのであった。
生徒たちに、まず世界の宗教について調べてみようと語りかけ、生徒を指して答えさせ、世界には仏教や神道、イスラム教にヒンドゥー教など、キリスト教の他にも様々な宗教があること、それらが世界の地理のどのあたりに分布しているか、民族や文化との関係、人口比などを示し、ほとんどの文明国はキリスト教国家であると教えた。ようやく終わった戦争は間違いだった。真の神を知らない日本がキリスト教国アメリカに負けたことは幸いだったと、きっぱりした口調で語ったのである。

文明はキリスト教と正比例しております。このことは新しい日本が文明国となろうとする今日、深く皆様に考えていただきたいと存じます。世界の一等国、否、神国日本を以て任じ、アジアの盟主と自負しておりました我が国が戦い、征服者として勝って、支那、マレー、フィリッピンに誇らかな上陸をいたしまして、そこで行いました数々の行跡と、昨年我がこの本土に同じく戦勝者として上陸してきた米軍の行為と比べてどちらが文明国人らしくあったか、私共の言う神国とは、どういう意味であったのか、深く恥じ入る次第でございます。神国と誇って、内に顧みること薄く、一人世界の第一等国と思っておりました日本におけるクリスチャンの数は、僅かに三十万、誠に微々たる存在で、やはり文明とキリスト教は並行するという鉄則をここでも認めないわけにはまいりません。

敗戦後間もない無残な姿に落ちぶれた日本の未来を託す若者たちに、同じ過ちを犯させたくない気持ちでいっぱいであった。村上に駐留していた当時の米軍は、規律を重んじる立派で優しい兵隊たちばかりに見えたのであった。そして、それは、アメリカの歴史の中でも最も輝かしい時代を背景にしていたと言っても良いだろう。

愛子はさらに、明治維新以後の日本の歴史を、キリスト教をめぐる視点から説いていった。日本は開国すると、キリスト教国の文明、文化施設、制度を取り入れて、信仰の自由が認められたものの、実は真綿で首をくくるような方法でクリスチャンの活動が妨げられてきたことを批判し、それは、神道と国体の関係が元凶だったこと。天皇を現御《あきつみ》神《かみ》とし、神社に参拝することは国民の義務であるとされ、皇道すなわち神道ということで、信仰以外の服従を余儀なくされたこと。クリスチャンは信仰のためならばいかなる迫害も辞さないのだが、神道即皇道で神社と戦うことはとりもなおさず、陛下に弓を引くことになる不忠不義の汚名を負わなければならなかったのであって、これは日本人として忍び得ないことだった。実にこの現御神の思想は日本の病であったが、思いがけな

郵便はがき

料金受取人払郵便

銀座局
承認

3148

差出有効期間
2025年12月
31日まで

104-8790

628

東京都中央区銀座４－５－１

教文館出版部 行

◉裏面にご住所・ご氏名等ご記入の上ご投函いただければ、キリスト教書関連書籍等のご案内をさしあげます。なお、お預かりした個人情報は共同事業者である「(財)キリスト教文書センター」と共同で管理いたします。

●今回お買い上げいただいた本の書名をご記入下さい。

書名

●この本を何でお知りになりましたか

１．新聞広告（　　　）　２．雑誌広告（　　　）　３．書　評（　　　）
４．書店で見て　５．友人にすすめられて　６．その他

●ご購読ありがとうございます。
本書についてのご意見、ご感想、その他をお聞かせ下さい。
図書目録ご入用の場合はご請求下さい（要　不要）

教文館発行図書　購読申込書

下記の図書の購入を申し込みます

書　　名	定価（税込）	申込部数
		部
		部
		部
		部
		部

●ご注文はなるべく書店をご指定下さい。必要事項をご記入のうえ、ご投函下さい。
●お近くに書店のない場合は小社指定の書店へお客様を紹介するか、小社から直送いたします。
●ハガキのこの面はそのまま取次・書店様への注文書として使用させていただきます。
●DM、Eメール等でのご案内を望まれない方は、右の四角にチェックを入れて下さい。□

ご氏名　　　　歳	ご職業

（〒　　　　　）
ご住所

電　話
●書店よりの連絡のため忘れず記載して下さい。

メールアドレス
（新刊のご案内をさしあげます）

書店様へお願い　上記のお客様のご注文によるものです。
着荷次第お客様宛にご連絡下さいますようお願いします。

ご指定書店名	取次・番線
住　所	
	（ここは小社で記入します）

くこの難しい問題をマッカーサー元帥の鮮やかな手術によって、同時に天皇陛下のご英断によって、神社と神道を宗教であるとして、国家から離し、神社も自由参拝となって、神社にお参りしなくとも、陛下に対し不忠とならないということになった。今日までの誤った国体論、神道説の根拠となっていたものを天皇自らが、取り除いてくれたのだ。こうして私たちは国体に合わないとされたキリスト教の信仰を自由に言い表すことができるようになった。終戦の恥を負うてこんなにも首を下げて、誤れる古き伝統を率直に捨てて新しき真理に従う陛下。私たちが御帝と仰ぐ明治天皇にも勝って一個の人間と宣言された現陛下に心からなる尊敬をささげます。

このような天皇論は、塚本の『聖書知識』によるところ大なるものがあったが、戦後の日本社会全般の、天皇に対する気持ちを代弁するものでもあったと言えるかもしれない。

愛子はまた、アメリカ映画輸入再開第一号として評判を取っていたグリア・ガーソン主演の「キュリー夫人」に出てきた詩（アルフレッド・テニスンの詩の一節）を高らかに英語で朗読した。この詩は、我が国の新しい門出に際して、私たちの心にいみじくも合わせ響く心地が致します。そして、夫人の深き神への信頼の言葉であると語った。

Ring out the old, ring in the new,　旧きを送り出し、新しきを迎えよう
Ring happy bells; across the snow;　幸せの鐘を雪原に鳴り響かせよう
The year is going, let him go;　古い年は過ぎゆき、もう追いはしない
Ring out the false, ring in the true　偽りを送り出し、真実を迎えよう

テニスンのこの詩は「クリスマスの鐘声《ベル》」として内村は『聖書之研究』で、また塚本も『聖書知識』で取り上げている。二人の恩師の愛唱の詩であったようだ。

こうした歴史や地理、また、倫理道徳の要素もふくんだ愛子の話は、感動をもって生徒たちに受け入れられたのである。

破門から二年ほどたった頃、塚本から愛子のもとに、破門を解くという知らせがあった。

10　今井館

さて、村上ではこのままでは一家の暮らしが立ち行かないことは、一蔵にわかってい

た。愛子のキリスト教伝道所が多くの人を集めて、町の評判になっていた。それを快く思わなかった賢次が、義兄たちを引き連れて、今度は長屋を出て行くように乗り込んできたのであった。一蔵は友人や知人に職を斡旋してもらうように頼んでいたが、もはや兄弟とも思わぬ賢次の傲岸な振る舞いに震え、咄嗟に「お前には家の墓は絶対に使わせない」という言葉が出たのであった。それは、一蔵に残されたたった一つの矜持だったのかもしれない。貧困のどん底にあえいでいた家族を思うと、文子は後に、もっと言うべきことはあったのではないか、と歯がゆく思い出すのである。しかし、一蔵は気難しいところはあっても、所有欲はない人だったと、しみじみ父を懐かしく思うのである。

そうした一家の危機に際して、富士自動車の追浜工場で安全管理者を探しているという話が一蔵にもたらされたのであった。そこも、水道の設備維持管理監督の仕事だった。一蔵の技術がここでも買われたのである。しかし、家族で追浜に行くことはできないのだ。目黒の中根町に移転した「今井館」に恵一が下宿していたが、恵一が使っていた三畳の部屋の他に六畳の板の間が空いているということを知らされた。しかし、その頃今井館は東大総長を務めていた矢内原忠雄が自宅で行っていた家庭集会を、自由が丘聖書集会という日曜集会に名を変えて、今井館講堂を使っていた。内村の聖書集会の「洗足会」のメンバーからの後押しもあり、その邪魔はしないという約束で、矢内原は、寶田母娘がそこに転住することを承諾したのであった。

こうして一九五〇年五月から、愛子と信子、そして文子の三人は今井館に居を構えることになったのである。

いよいよ村上を発つという日の夕方、駅に行くと大勢の日曜学校の子どもたちが別れを告げようと集まっていた。日曜学校に熱心に参加していた稲場春次が皆に声をかけてくれたのだった。そして、讃美歌を歌って送り出してくれたのである。

11　母の祈り

恵一は愛子に似て心根の優しい若者に成長していた。しかし、父の期待に反し、自分には理数系のセンスはないことはわかっていた。父を尊敬していたが、そのことで、父から疎まれているとも感じていた。一方、英語の能力はときどき英語で会話していた両親の影響を受けて、並外れていることも自認していた。市立一中在学中に、日比谷公会堂で英語による講演会が開催された。恵一も登壇者に選ばれて、見事なスピーチを行ったのである。玲子は家族を代表して兄のスピーチを聞きに行ったが、最後に内村鑑三の

墓碑銘となった言葉、

I for Japan,Japan for the World,The World for Christ,And, All for God.

われは日本のため、

日本は世界のため、

世界はキリストのため、

そして、全ては神のため。

という言葉で締めくくられたのを今でも思い出すのである。兄が誇らしかったのは、母も同じ思いだったろう。

恵一は、青山学院に通うようになってからは、駐留軍の赤十字関係の通訳をアルバイトにして家計を支えていた。日本語とはまったく異なる、英語の論理的な文章の立て方、言葉の使い方に、恵一は解放感を覚えたのである。常に私（I）を主語として、胸を張って語る。話し相手は誰でも（YOU）なのである。そして、私は何をする。私はあなたと何をする。動詞を変えれば、はっきりと自分が何をしたいのか、これから何をするのか、意思表示をすることができる。ときどき、貧しさに心が吸い込まれそうになるとき、英語で自分の考えを口に出してみるのであった。自ずから背筋が伸び、姿勢が良くなるのである。恵一は、貧しくとも健気に明日に向かって生きようとする妹たちを愛おしんでもいた。しかし、時に暗闇に吸い込まれそうになる家族の貧困と、何も悪いことをしていないのに、報われない自分たち家族の行く先を考えるにつけ、泥沼のような責任感が恵一に襲い掛かってくるのである。母を深く愛していた。その母は真っすぐ天の神に顔を向けて働いていた。それゆえにこそ、やりきれない思いの中に一瞬の迷いの道が恵一を誘ったのである。

愛子は恵一を心から慈しみ、常に祈りの中で抱きしめていた。ここに手作りのA5判ほどの大きさの封筒がある。何処から切り抜いたものであろう、表には、幼児の天使が小高い丘の雪原とも、雲の上とも見えるところに裸足で立ち、星降る夜空の下で、雪積む湖畔の民家を見下ろしながら祈っている絵を貼り付け、その上に「いのり一人言」と墨で書いてある。愛子は、いつ書いたものとも知れない、道に迷った恵一を思う母の祈りの言葉を、その中に遺していた。

主よおたすけください
主よおさばきください
この罪をお許しください。

おお主よ、私たちをお許しください。どうぞ主よ
何一つ自らの正しさ持たぬ者の為にあなたの正しさをもっておぎなってください。
あなたの正しさをください。どうぞ下さい。
そしてどうぞこの家を主の住み給ふ家にして下さい。
どうぞ恵一をあなたがお捕まへ下さい。
恵一が主の前に自らを投げ出して御あわれみにすがりませし。
誰も彼の罪を忘れない。
いな、誰もが彼の罪を見出すことによって自らの清さを誇り安心するのだろう。
おお、いとしい児よ、かくすべての人々があなたを指し、
あなたの過去を掘り出し、も一度そこに血のふき出るのをみたいという。
つつんでやりたい親心はあまれど、この能なしも力なく、
貧というこのわびしさは今ぞしった事ではあるか。
世の人が貧者の前事を呵責しない。
少しのとがも、貧者の上には厳しい罰が来るのです。
地位ある人のあやまちは、互いにかばいあふけれど、貧しい者はよるかげもない。
その貧しきものの子である故に、誰一人あなたをかばう人はない。

「いのり一人言」と書かれた封筒

それでも良く今日までたえてきた。よくここまで来ました。
さあ、おじけないで、唯一人のまことの主におたより。

村上で味わったこの身を切り裂くような貧しさ、その苦しみと悲しみが、恵一を誤った道へと誘ったのであろうか。罪の息子を思う母の祈りとなって、愛子を突き上げるのだった。旧約聖書の嘆きの詩編にも匹敵するようなこの母の祈りは、誰がこの子の罪を裁けるのか。自分に罪のないものは石を持って恵一を打てと、愛子は、確たる信頼の祈りを神のみにささげたのであったろう。この祈りは誰に知られることなく、天使の封筒に収められたまま、神と愛子との秘め事として保管されたのである。

しかし、この祈りの中に、愛子の信仰の結晶が見て取れるだろう。罪なるものを、咎めず、傍らに寄り添って、神の赦しを請う。これがキリスト教信仰の真髄である。

恵一は、青山を出ると大手海運会社の大阪商船に職を得た。父とは異なる陸の仕事に就いたのだった。

12　玲子の結婚

戦後の姉一家の没落の有様に心を痛めていたのは愛子の妹田村忠子である。忠子は愛子より三歳年下であった。忠子も両親の信仰を受け、一筋縄では行かない歩みを固めてきていたが、その頃彼女は青山学院の幼稚園で主任保母としての地位を得ていた。忠子も、夫幸太郎と共に内村の聖書講義に通っていたが、内村亡き後は矢内原忠雄の集会に通っていた。愛子が敗戦後一蔵と共に村上に移住し、しかも、すべての財産を騙し取られて極めて悲惨な暮らしをしていることを聞き、内心穏やかではなかった。今の自分に何ができただろうと思うのである。勝気な忠子は、愛子姉の没落ぶりにはひどく歯がゆい思いがして、何かできないものかと苛立たしく思うのであった。それどころか、今度は塚本集会で大きな噂になっている、母と娘の破門騒ぎであった。

忠子の長男も青山学院に通っており、その同級生に戦争で結核にかかり、何もかも駄目になり、命一つだけ助かって復員したという若者がいて、ある日田村の家に遊びに来たことがあった。痩せこけて頬骨の突き出た彼が、田村の家にあった内村鑑三全集に目を留めて、内村の話をぽつりぽつり語り始めたのである。忠子は静かだが、内村を尊敬しているらしいその言葉に引き込まれ、とても嬉しく、すっかりその青年と打ち解けた話をするようになった。そして、家には可愛い姪がいるのよという話に発展したのだった。

恩師塚本からもたらされた玲子の縁談が、想像もしない結末に至り、噂に尾鰭がつき始めていることは忠子の耳にも入っていた。何とか、可愛い姪に相応しい人を見つけてあげなければならないという、使命感を感じてもいたのだ。こうして、玲子は忠子の長男の親友の山本七平とお見合いをすることになったのである。

お見合いは渋谷の道玄坂で行われた。会食の後、玲子と七平は二人だけで喫茶店に入った。七平は話し出したら止まらなかった。過酷極まる自分のフィリピンでの体験。それに加えて、結核、マラリア、胃潰瘍と、次々に病気が襲ってきた。しかし、軍隊では、体の不調を訴える事すら禁忌なのであった。そして、奇跡的に戻ってこられたのである。これからの日本に必要なものはキリスト教である。そのためには、キリスト教の本をたくさん出版しなければならない。自分は、内村鑑三をとても尊敬している。などなどと、とめどなく一人で話し続けるのだった。玲子はただ聞いているだけで面白く、決して嫌な感じはしなかった。

すでに夜十時を回っていた。七平は時間を忘れていた。とんでもないことをしていることに気が付いた。この人は優しく、自分の話を聴いて、魂で吸い取ってくれた。こんなに自由に思いのたけを話せたのは何ということだろう。後に七平はこの初めての心の経験を不思議に思ったのである。

玲子は、家に戻ると、七平の熱心な話を愛子にそのまま伝えた。愛子は心から嬉しそうに言った。「玲子さん、今時、神様の御本を出版しようなんて、そんな野心に燃えた人はなかなかいないものだと思います。苦労するかもしれないけれど、神様のお仕事のお手伝いができるかもしれないわね」。そう言って微笑み、結婚を薦めてくれたのであった。

七平は、玲子を見初めてしまったのだったが、見合いの席で初めて会った愛子にも心を惹かれたのだった。気品ある人柄に「この人の娘なら」と結婚の決意に弾みを与えた。後に、「年をとっても高貴な精神を持ち続けている人は、美しく見えるものだ。立ち居振る舞いを見るだけで、その人が生涯を通じてどのような声に耳を傾けてきたかがわかる」と玲子に語ったという。

玲子は七平と共に塚本虎二に結婚の挨拶に行った。七平はその後丸の内集会に通うことはなかった。師というのは近づかないで、遠くから著作を読んで思う、というのが自分には丁度いい、と言っていた。

13　信子の結婚

文子は今井館での暮らしを思い出すのである。「私はどん底の暮らしの中で、人間という者の真の姿を見てきた」と誰にもはばかることなく、断言できるという。そして、「今井館での暮らしがなかったら、私の人生は駄目なものになっていたと思う」と。文子は恵泉女学校に通い、愛子は母校青山学院女子中等部の購買部で書籍販売を手伝うようになっていた。生活は苦しくとも、子どもたちにはできる限りの教育を受けさせなければならない。文子は母が学校から持って帰る高価な売り物の書物を汚さないように開いて、読むのであった。スタンダールの『赤と黒』、シュテファン・ツヴァイクの『マリー・アントワネット』などは、そうして読むことができた。だが、本当に狭い仮住まいだった。水場は外に出てぐるりと建物の外を回らねばならず、七輪で煮炊きをしなければならなかった。毎週土曜日になると、矢内原の日曜集会のために、さして多くもない家財道具をしっかり片づけてきれいに掃除しなければならないのである。部屋の外に出て蛇口のあるところまで行って、水汲みをしなければならないのであった。そうして拭き掃除が終われば、やっと集会の準備が整うのである。文子は後に自分が片付け魔と呼ばれるようになったのは、この時の経験が身に染みているからだと思う。日曜になると毎週後部に座って、矢内原の講義を聞いていた。幼い文子には難しいことはわからなかったが、しーんと静まり返って耳を傾ける門弟たちの姿は忘れられない。矢内原には三人の男子がおり、文子は三男の勝と親しくなった。「勝っちゃん」と呼んでいた。月に二回は午後にも会合が持たれ、そんな時は、田村の叔母さんの柿の木坂の家へ遊びに行った。文子は、母に厳しい叔母は苦手であったが、他に行く所はなかったのだ。

三女信子は津田塾女子専門学校の卒業を間近に控える頃であった。ある日、恵一、信子、文子の三人で、あの懐かしい駒沢給水塔の話になった。ピクニックがてら行って見ようかということになった。中根町から弦巻まで、若者たちにはさして遠くない距離であった。その道すがら、偶然恵一の小学校時代の幼馴染と出くわしたのである。三人はその若者と合流し、懐かしい昔話を楽しんだ。信子はその若者と急激に親しくなり、婚約にまで至ったのである。ところが、いざ婚礼の支度をする段になって、信子に持たせられるものは中身の入っていない箪笥一棹のみであった。相手の家族はそれを聞いて腰を抜かしてしまった。津田塾に通う女性と聞いていたから、それほど貧しい家の娘だとは想像していなかったのである。縁談は破談になった。信子の傷心はいかばかりだったろう。信子は悲しみに打ちひしがれながらも、切り替えは早かった。しかし、就職口を探すにはすでに時宜を失していた。愛子は母校青山の恩師を訪ね、運よく数学科の教員の口を世話してもらったのである。ところがそれは、遠く離れた青森県弘前市の女学校であった。

愈々信子の弘前に帰る日だね。

東京に居たいだろうが、弘前で辛抱しなさい。かわゆい子には旅をさせ、ママやお友達と離れて暮らすのはつらかろうが、お前の使命から云えば弘前が最適と思うね。昨年の今頃弘前へ行った時の気持ちに帰りなさい。そうすれば、必ず良い機会が与えられることと思うね。

せっかく数学の先生として就業したものを、急ぐばかりに詰まらんところに首を突っ込んだりしない事だね。弘前に居って着々学校の先生としての教養を積みなさい。そうすれば、他日必ず良いポジションが与えられます。そして静かに時の来るのを待つ事だね。今日数学の先生ならば、相当貴ばれているよ。相当のプライドをもって教壇に立ちなさい。始終トップエヴァーでグラグラしないで重心を最低位置に置いて行動しなさい。お前は、前に其の為に苦い経験をなめたのだから、こんどは慎重に行動しなさいよ。つまらん所から悪魔が入って来るからね。
パパも今すぐ辞めると云う事にはならないから心配しないで、一生懸命でお前の持前をやんなさい。一家総動員でやろうね。但し、落ち着いて。

これは一蔵が信子の休暇が明けて弘前に戻るときに送った手紙である。自分の血を引いて理数に優れた娘は、心に負った傷を抱えて本州北端の陸奥に帰るのであった。しかし、信子は、父母の祈りと愛に支えられてもいたのである。信子にはそのことが良くわかっていた。だから、遠く離れた弘前で得た教師の仕事によって感謝しながら家計を助けることができたのである。
愛子は祈らずにはいられない。こんなにも健気な自分の子どもたちが次々に出会う試練は、すべて自分の罪のゆえなのか。

おお、父様
悲しいこの朝、神様私は声をあげて泣きます。
おお、玲子よ、あなたの涙

おお、信子よ、あなたのなげき
おお、恵一よ、そこまでゆく苦しみ
神様、私の子はみなけがされました
まけたのです。おお、神様あなたは私の子たちをお打ちになる
何ということでしょう、神様どうぞ助けて下さい
もし、もし、私が何かをしのびまして子供が助かりますなら、
どうぞ私をうちうち正してください
神様あのあなたを信じない人のまえであなたは私に恥をおかかせになる。
あなたは私の子供達を汚して人々の嘲りの種となさる。
そうですか、そうですか、
神様、私をゆるして下さる神様が、そうですか
しかし、みんな私の罪が結んだことなのです。
私は目の前にこうして自分の罪の果をみました。
罰ではない、当然の、当然の報い
悪しき木が結んだ果、
ああ、母の罪、親の罪があの子達をくるしめる

この苦しみと涙の中から逃れる道は一つしかない。

そう、子供達よ私の罪の覆いをふりすてなさい。

ただ一つ十字架の主の重荷がその覆いを除いて下さる。

親の罪を被って嘆いていないで、さあ、主キリストに縋って下さい。

新しく主キリストに信ずる道を歩き出してください。

あなた達にはあなた達の道がある。

あなた達の道、それはキリストとあなた達の道です。

古い罪の絆を解かれ、主キリストに信ずる恵一の、玲子の、信子の道を切り開くことです。

愛する子達よ、正しく主キリストを信じて、またなきこの人生を
天国にまで続く永遠の生命の道として歩きませり
主キリストによらなければ私たちの悩みはただ暗く重く苦しみから苦しみへ、
罪から罪へと私たちを無限の悩みに引っ張って行って亡びの中になげこむのです。

全ての罪を主キリストに捧げ、全ての過ち悩みを主に訴えて、
御旨の成らん事を祈りましょう。

主よ、主の御旨をなし給へ

四人の我児等すべて主を信じ、主の栄光を受けて世にあって世の光となりますように、

どうぞ、日々に日々に主に縋り、

主の御手に支えられて御旨にかなふ歩みをさせて下さい。

主イエス・キリストの御名のゆえに願いまつります

このような愛子の祈りが遺されている。

文子が人間を見たと言うように、無教会キリスト教集団の中にも、人には二種類あるようであった。愛子母子を貧しいからと言って蔑み馬鹿にする人たち。そして、まったく変わらない友情を保ち、さりげなく親切にしてくれる人たちである。後者には長尾半平の妻浪子とその長女李枝子がいた。李枝子は、フランス大使になった三谷隆信と結婚し、外交官夫人になった。愛子は仕事の後は夜遅くまで聖書の勉強をした。劣悪な生活環境は華奢な愛子の体には負担であった。夏はトタン屋根から熱風が襲う。板の間の冬は寒さが尋常ではないのである。風邪をこじらせて肺炎になることもあった。そんな時、必ず、近くに住む浪子や李枝子がなにかと声を掛け、そっと食べ物を届けてくれるのである。その温かい親切は深い恵みであった。文子は母がどれだけ二人に感謝していたか

知れないと思う。「主に在りて、私たちの人生は楽しい」が愛子の口癖で、毅然として背筋を伸ばし、宝は天に積め、どんなことを言われても自分の口は汚さない、と真っすぐ主イエスのみを見つめていたのである。村上での伝道のことを聞いた教友たちに請われて、愛子は目白と鎌倉山で女性たちのグループのために、聖書の話をするようになった。目白はモアブ会の会員小平いち子の家だった。彼女の隣人や友人たち八、九人が集まった。鎌倉山は学校の同窓生阿部房子が紹介した梅沢清子の家で開かれた。こちらも梅沢の友人たちが集まった。村上へも年に二回、定期的に通ったのである。遠出の伝道にはいつもどこかから交通費が与えられたのである。

二十年ほど続いた鎌倉山の集会は梅沢あっての集会であった。彼女の夫は、日本医事新報社の社長で、クリスチャンではなかったが、妻の信仰には理解を示していた。ある日清子は愛子に、自分の葬式は愛子によってキリスト教式でやって欲しいと頼んだのである。愛子はそれなら遺言に書いておいた方が良いと清子に伝えたのであった。何とそれからわずか三日後に清子は心臓発作で身罷った。夫の梅沢から愛子に築地本願寺で清子の葬儀が営まれるという連絡が入った。愛子は清子の生前の願いを手紙で梅沢に伝えたのである。彼はそれを受け入れ、愛子に葬儀で清子の信仰について話して欲しいと頼んだのであった。並みいる本願寺の僧正の前で、愛子は、キリスト教の真髄である、イエス・キリストの十字架の罪の贖いについて、マタイ伝二十六章六節から十三節までを朗読して、語ったのである。マタイ伝のその箇所は、イエスが捕らえられて十字架につけられる前に、一人の女がやってきて、イエスの死を悟ったかのように、高価な香油をイエスの頭に注いだという箇所である。愛子は清子がその女のように真っすぐな信仰を持って、愛と真実をつくす、骨のある信仰者だったと堂々と証言したのであった。

さて、忠子は、四男をもうけたが、愛子の娘たちのことは、いつも気になっていた。母に似て三姉妹は美しい娘たちであった。玲子に続いて、信子も破談になった。一体姉は何を考えているのだろう。家のことをしっかりできないで、あちこち出歩いては聖書の話をしているのである。またしても姉の周りに噂が絶えないのである。このまま放っておくわけにはゆかなかった。信子に相応しい若者を見つけなければならなかった。顔の広い忠子は、ビジネスマンの若者を見つけてきたのだ。齋藤光弘はクリスチャンではなかったが、真面目で、愛子の伝道にも敬意を持っていた。信子には優しい夫であった。ようやく信子にも心が落ち着いた生活が恵まれるようになったのである。信子は後に富士見町教会の会員になる。

14　愛子と矢内原忠雄

矢内原忠雄は、戦後すぐ泊りがけの夏期講習会を妙高で開催するようになった。この講習会には、日ごろ今井館に集うことができない地域の教友たちも男女別なく参加できるようにするのが目的であった。一九五四年には、愛子も参加を許され、そこで後に長い付き合いになる小関充と押野廣と知り合いになったのだった。押野は当時村上の奥で旭ダムの建設に携わっていた。小関は商家の出で、山形から参加していた。講習会が終わり、皆帰途についたが、愛子は村上に立ち寄る予定で、二人と同行することになった。村上で押野と瀧澤を引き合わせたいとも考えていた。

矢内原は東北地方にも幅広く聖書研究誌『嘉信』の読者を持っており、内村鑑三門下の鈴木弼美が、地元の渡部弥一郎の助けを得て開校した基督教独立学園高等学校を訪問し、その途中で『嘉信』読者会を開くこともあった。愛子にとって矢内原は毎週参加する集会の主宰者であるばかりでなく、内村の聖書講義を一蔵と共に聴いた旧い教友でもあった。内村や塚本に対する崇敬の念とは違ったいくらかの親しさを感じてもいた。

新潟への汽車に同乗した三人は講習会の感想を交わし、ふとしたことから、愛子は年頃の好青年だった小関に「どうして小関さんは結婚されないの」と問うたのだった。小関は真顔になって、「私はできれば矢内原先生の集会に出ている方と結婚したいんです」と答えたのである。愛子は、まじめな顔をしてそう言う小関に、「あら、それじゃあ私、先生に申し上げなきゃいけないわね」と伝え、帰京後早速矢内原を訪ねて、小関の言葉通りを進言したのである。すると矢内原は顔色を変えて怒り出したのだ。妙高では男女席を同じくさせている。当時一般にそういう場はなかったため、矢内原は常々「ここではこの世的なことから一切離れて、神様だけを見上げる。この世的なことは考えてはいけない。ここでは神様だけを見上げなさい」と受講生たちに繰り返し注意していたのである。「私がそう言っておいたにもかかわらず、まだ家に帰りつかないうちにあなたはそういう話をけしかけたんですか」と、怒りは収まらなかった。愛子は、それは確かにそうだけれど、矢内原の弟子と結婚したいと願う若者の胸の内は貴いもので、他者が取り次がなければ伝わりはしないし、実現しないのだ。率直に良かれと思ったのであったが、矢内原の主張には、信仰者としての厳しさがあることもわかった。そして、小関には、先生に叱られたことを正直に書いて、詫び状を出したのであった。驚いた小関は、すぐさま上京し、矢内原の家まで謝りに来たのである。「済みません」の言葉が、緊張のあまり口が強張って出てこず、目の前で恐縮している若者のさまを見て、矢内原は、「私が世話しよう」、そう言った。そして、ほどなくして仙台在住で猪苗代講習会などに参加していた岡崎道子に、道子の義兄から話が持ち込まれたのであった。道子には姉二人がいたが、姉たちも矢内原の門下で、二人とも師の自宅で結婚式を挙げていた。こうして小関充は願い叶って道子と結婚した。後に山形で家庭集会を開くようになった小関夫妻のところに矢内原は講演会のついでに立ち寄って、二人の家庭を見て行くのだった。愛子も村上から足を伸ばして、たびたび山形まで講話をしに行くようになった。

15　一蔵の死

寳田一蔵は、東京に残してきた愛子や娘たちを思いながら、追浜で懸命に働いていた。クリスマスや正月には可能な限り休暇を貰って家族と共に過ごすようにしたが、還暦を過ぎてから務めた職場では愉快なことがある筈もなかった。ただ、長年培った機関技術は、誰にも負けないという誇りと腕があり、それゆえの気概だけで働いていたのである。一蔵はかつて『基督信徒之友』（一九三四年八月号）に自分の信仰について明らかにした一文を寄稿していた。

「或日の実感」と題された短文は、以下のように記され、一蔵も愛子と違わぬ信仰を支えに生きていたことが窺われるのである。

今日まで兎も角も信仰生活を送り神の子らしくなりたいと常に希って暮らして居りましたが、事希望に反して全く愛想の盡きる様な生活を繰返して居る我身を見ましては、折角の奮発心も挫けてしまひ、其日の行状を清算すると何時も神に借りのある気持で寝に就くのでありまして、到底自分の力だけでは自分の望む様な者になることが出来ないといふ事を痛感して居ったのであります。

或日植木鉢に土を入れながら復此事を考へ、自分の行状から自分の身を判断すると何等の値打も無いことは丁度此土塊の如き者であるとつく〲思うたのでありま す。尚又、此土塊が如何にして努力して見ても自分の力では到底花一つ葉一つにも成り得ないのであるが、今若し此土塊の中に朝顔の種子が一粒落とされたとしたなら、忽ち其處に驚くべき變化が始まりまして、今迄自分だけの力できれいな物になろうと努力して居った土塊も、こんどは安々と素直な草となり綺麗な花と咲き變わる事が出来るのであるといふことに気が付いたのであります。

あゝ、全くさうです。我々の心も此土塊の如きものではあるが、神が一度聖霊の種子を下し給ふや楽々と花に成り變わることが出来、神の御榮を自然と顕はすことが出来るものであると気が付きまして、是迄の焦せる悲観的な気分が雲散してしまひ、心から感謝した次第であります。

一蔵にとって朝顔の種子とは愛子の愛であったであろう。愛子と出会い家庭を築けたことは、「神の御榮を顕はすこと」であったはずである。しかし、弟の我欲を見抜けなかった浅慮によって、家族全員を奈落の底に落としてしまったのは、自分である。慙愧の念に堪え得なかったであろう。不遇だった追浜から愛子の義兄の伝手で、沼津の静浦海岸にあったホテルに転職したが、一九五六年心臓発作で帰らぬ人となった。傍らには内村鑑三の『一日一生』が開かれていたという。恵一が亡骸を迎えに行ったのである。享年七十歳であった。

文子は、あの洗足の家を売却し、いよいよ村上に移るという少し前、一蔵が多くの手紙や帳面を庭で燃やしていたのを覚えている。庭にはぶどう棚から青い実が下がっていた。燃え盛る火の中から、愛子が咄嗟に一冊のノートを拾い出し自分の袂に入れたのを見ていた。それは、一蔵が結婚当時に記していた日記帳であったのを、文子は愛子が亡くなってから知るのである。一蔵は子どもたちに手を出す人だった。苦しく、悲しい性であった。思いが募り、言葉が滑らかに出ない事への憤懣であったかもしれない。情溢れるあまり、誤解され、結局船を降りてからは、どこか足りない生を生きていたのだろうか。だとすれば、私が懇願したせいであったのだろう。また一方で、一蔵は物の所有に拘る人間ではなかった。何かを持っていれば、他人に分け与える人であった。そして、神に自らの罪を告白し、その赦しを請うことができた夫でもあったのだ。共に過ごした戦争の時代は誰のせいでもない。愛子は東京に戻ってからの六年余り、一蔵と共に暮らせなくなってしまった毎日を、ざらざらだったと改めて思い返すのである。夫の死は大きな喪失であった。

16　玲子の試練、そして鎌倉へ

山本七平と結婚した玲子は信頼できる夫に巡り会えたことが幸せであった。しかし、母同様波乱に満ちた人生を歩むことになった。七平はようやく小さな出版社を、翻訳をして蓄えた金で開くことになった。しかし、一冊目の書物を出す金の工面がなかなか付かなかった。玲子はグランドハイツの子どもたちの母親たちが募ってくれた奨学金を結婚の持参金に持ってきていた。結婚後、玲子も英語の力を磨こうと恵泉へ通ったが、残った金は惜しげもなくすべて七平に差し出し、これで記念すべき山本書店発行の第一冊を出版してくださいと告げたのだった。こうして『歴史としての聖書』（W・ケラー著、山本七平訳、山本書店）という聖書研究には欠かせない翻訳本の出版に漕ぎつけたのである。もちろん、こうした専門書の販売市場は極めて限られていたのであったが、二人は満足で、幸せであった。また、本書は何年もの間、細々とではあったが販売を伸ばしてゆくのである。七平は玲子に済まなそうに言うのであった。「僕が恋愛小説かなんかをやっていたら、言葉少ない恋人同士の会話で、どんどん改行し、頁が増えただろうね。でも、キリスト教の本はそういう訳には行かない。原稿用紙のマス目を一つ一つ埋めて理を尽くして書かなければならないんだ」。そして、細々と出版も軌道に乗った八年後のある晩、玲子は七平の叫び声で起こされたのである。それは、まだ二時ごろのことであった。ぐっすり眠っていた玲子の耳の遠くの方から、七平の「火事だよ。火事だよ」という声が聞こえてきた。まだ、ぼんやりした頭で、「どこが？」と玲子は七平に聞いた。七平の「ここだよ」ときっぱりとした声で、玲子はすっぱりと覚醒したのであった。それからは、燃え盛る炎が、自分たちが寝ていた母屋を襲い、二人で建てたばかりの倉庫へ広がって行くのが見えたのであったが、何よりも一緒に寝ていた良樹をどうにかしなければならなかった。玲子は、わけもわからず、ただただ本能的にまだ幼かった大事な良樹を、外へ、火の勢いが少ない部屋の外へと、放り投げたのであった。そして、大切な書籍を収めておいた倉庫が火にのまれて行くのを、眺めている他なかったのである。後に、古い配線の漏電が原因とされた。二人の汗と涙の結晶が一瞬にして灰燼に帰したのである。玲子は父とバケツ・リレーで消し止めたあの洗足の家のことが思い出されたが、今度はまったくそれとは異なり、何もかも失くしてしまったのであった。長男の良樹はまだ三歳であった。良樹が何を見たのか想像に難くなかったが、その怯えは玲子や七平にさらなる痛みをもたらしたのである。焼け出された山本一家は、その時すでに結婚していた妹文子の家にひと月ほど身を寄せた。人の好い文子の夫康が、快く申し出てくれたのであった。また、内村時代からの愛子の教友だった石原兵永は、山本書店から著作を出版していたが、いち早く布団を持って駆け付けたという。この後、親子三人は、しばらく今井館の愛子と共に暮らすことになった。後始末に追われながら、書店を立て直そうと奔走する七平を少しでも助けようと、玲子はタッパウェアのセールスの仕事に就いた。初めはまったく契約を取ることができず、汗だくになり、足を棒にして帰ってくるのだった。しばらくすると、持ち前の明るさと勘の良さで、売り上げも一定してあげられるようになった。そして、心配した愛子の鎌倉の集会の会員から、鎌倉に良い土地が空いているという話が持ち込まれた。玲子は良樹のことを思うと転地が最も良いのではないかと、山本家の焼け跡の土地を売って移住することを七平に相談した。

こうして思いがけず、新居を鎌倉に構えることになった。愛子も今井館を出て、共に暮らすことになった。二十五年にも及んだ今井館での暮らしに終わりを告げたのである。

17　文子の結婚

文子は二人の姉たちが家を出てしまった後、自分がしっかりしなければと、はっきりと物を言う、活発だが、また、華のある美しい女性に成長した。青山学院高等部に進学し、青春を楽しんでいた。その頃は今井館聖書講堂の六畳間から、同じ敷地にあった別棟のアパートに移っていた。ある日、毎週出席していた矢内原集会の若者の母親から、息子とお付き合いして欲しいという話が持ち込まれた。文子は特に付き合っている男性もいなかったため、承諾した。そして、矢内原によって青山学院で婚約式が執り行われたのだった。ところが、ある日二人だけで多摩川の河川敷に遊びに行った折、夕暮れ近くなっても相手は帰ろうとは言わなかった。そして、三、四人の若い男子グループが二人に近寄ってきた。文子はとても嫌な感じがして恐くなり、咄嗟に一人で走って逃げた。

相手の男性は驚いて、「突然どうしたの」と、文子の後ろから息を切らせて走ってきたのだった。文子の胸に一抹の不安が宿った。一方、先方の父親と愛子とが青学会館に一緒に行き、結婚式場を予約するところまで話は進んだのだ。しかし、その時に愛子が発した何かの言葉が気に障ったものか、結局その日に予約はできず、その夜、相手の姉がやってきて、父がこの話は賛成できないと言っている。なかったことにして欲しいと言ってきたのであった。それは、やはり、寳田の家の貧しさが原因していたのかもしれない。愛子も文子も驚いたことではあった。しかし、文子はどこかほっとしたのを覚えている。その気持ちを愛子に隠さず伝えたのである。そして、自ら矢内原に電話したのであった。きっぱりした文子らしい振舞いである。あいにく矢内原は不在で、勝が出た。伝言を頼むと、後日矢内原から以下のような書状が郵送で届けられた。

拝啓

今春、貴家と○○家との婚約式をとりおこないましたが、その後の情況をみるに神の御祝福が全くこれから離れていることを感じます。そこで、この婚約は此の際解消することがかえって神の聖旨にかなう事と信じます。

婚約式当時の私の祈のたりなかったことを深くお詫び致します。この婚約式は解消しましたが、各自己れの罪を悔いキリストの赦しをうけて信仰の道から離れぬようご精進を祈ります。

右、婚約式司式の責任者として申し上げます。

一九六一年十一月十二日病床にて

矢内原忠雄
（口授により恵子代筆）

寶田あい殿
文子殿

厳格な矢内原であった。玲子の時の塚本と同じことになったとしても、愛子は覚悟ができていた。しかし、これは愛の手紙であった。矢内原は病床にあり、妻恵子が代筆したと明記されているが、口授で、署名だけは自ら認めている。矢内原はこの手紙のおよそ一カ月後に天に召されたのである。そして、再び愛子は忠子や今井館に出入りする教友たちからの囁きを聞くことになった。奇しくも、愛子の娘たちは三人が三人とも揃って婚約解消することになってしまったからであった。それぞれが、それぞれの事情あって成ったことであったが、家庭のことをおろそかにして、聖書の話なんかして歩くから娘たちの教育ができていないのよ……、という非難が再び聞こえてくるのであった。しかし、愛子は子どもたちをつよく抱きしめて慰めたのである。

活発な文子は、青山学院の高等部で山岳部に入っていたが、夏の合宿で、上高地へのツアーに参加した。丁度、玲子がグランドハイツからお土産に持ってきてくれたチーズがあった。それを携えて行ったのだった。一緒に行った仲間たちに分けてあげると、その一人、足立康は感激して「賓田さんてすごいね。こんな美味しいチーズ持ってるなんて」と、感心したのである。文子は得意だった。それが縁で二人はすっかり意気投合し、康とは山岳ツアーの後、親しく話をするようになっていた。文子の婚約解消の経緯を知っていたのか否かわからないが、その後、康は恐る恐る文子に決まった人はいるのかと尋ねたという。文子は、今となっては、康さんと結婚することになったのは、神様の思し召しと感謝している。あれよ、あれよという間に二人の結婚はすすめられることになった。康はアメリカ史の研究者になり、テキサス大学で研究することになるのである。文子も康と共にテキサスに行くことになった。康は、さらに奨学金を得て、近代日本の総合学術雑誌『明六雑誌』の翻訳に力を注ぐことになる。また、ある時、康の実家があった伊豆湯ヶ島に二人で滞在中、文子は慶応の学生たちを引率してきていた勝の訪問を受けたのである。二人は再会を喜び、康を交えて、三人で歓談の時を持つことになった。

愛子はしみじみ思うのである。神様は心からお祈りするものを決してないがしろにはなさらない。神様は本当に愛の方なのだ。私の娘たちはみな誇らしい。

18　神、我が祈りを聞けり

さて、愛子の祈りの中にあったのは、自分の子どもたちばかりではなかった。ここで、三重県鈴鹿市で現在牧師を務める大竹海二のことを記さなければならない。大竹と愛子のつながりは母子二代にわたる。大竹の母まり子は少女の頃から村上の日曜集会に通っていたが、なかなか罪や、罪の赦しの十字架や、復活など、自分には雲をつかむような話で、しっくりこなかった。だが、愛子に魅力を感じ、集会には続けて出席していたのである。そのうち彼女は結婚して海二を身ごもった。その折、愛子はこの子が無事に生まれますようにと祈った。その祈りが聞かれ、海二は無事に生まれたのであったが、生後四十日で小児麻痺にかかって足に障がいが残ってしまったのである。悲しむまり子を励まし、愛子は「この子が神様の栄光を現す器になりますように」と祈り続けることになった。海二は音楽を良くし、東京芸大で作曲の教育を受けたのである。しかし、ある日自分の進むべき道は音楽ではなく、キリスト教の神様に仕えることであるという召命を受けた。海二はやがて千葉の日本長老教会小倉台伝道所で牧師として働くようになり、その時初めて、母から聞かされていた愛子を訪ねてきたのであった。牧師として目の前に現れた海二を見て、愛子は感激した。「私の祈りは三十年後に聞かれました」と海二の手を取り、呟くように言ったのであった。また海二は、次に杉並教会に赴任した。それを知った愛子は、玲子に海二を助けるように頼んだのである。玲子は海二の教会で洗礼を受け、教会員となって海二を助けるようになった。これは、無教会キリスト教を伝道していた愛子としては矛盾した考えだとそしりを受けることになったかもしれない。しかし、愛子にとって、それは、無教会だからこそ可能な、愛の行為だったのである。内村鑑三は「洗礼！　受けても宜し、受けずとも宜し、教会！　入っても宜し、入らずとも宜し」と教えていた。玲子はときどき聖書の話もするようになっていた。愛子にとっては、神の愛を知り、それを実践することが、信仰なのである。母に対する玲子のささやかな恩返しであった。

そして、海二の母である。愛子は八十五歳を超えて死の淵を彷徨うことになった。愛子危篤の知らせを受けた海二は、昏々と眠り続ける愛子の横で祈禱した。しかし、玲子の長男良樹は、「お祖母さまは御言葉によって生きる」と言って、愛子が眠るベッドの傍らでひたすら聖書を読み続けて一晩を過ごしたのである。翌日海二は、伊東から上京した母を連れて戻ってきた。まだ昏睡状態にある愛子は鼾をかいて寝ていた。その傍らに寄り添った母まり子は「先生、私もようやくキリストを信じることができました」と回心の言葉を発したのであった。愛子の話を村上で聞いてから長い長い旅路であった。海二は後に、鼾をかきながら人を回心させた人は、賓田先生を除いて知りませんと、冗談めかして話すのだった。この時愛子は奇跡的に命を取り戻したのである。

エピローグ

その後、娘たちによって先駆的な在宅介護を受けた愛子は一九八五年十二月七日、九十一歳の地上の生涯を閉じた。火葬にあたって押野廣が叫ぶように天に向かって語った祈りの言葉は、見事に彼女の信仰の生涯を要説したものだった。

賓田先生は、あなたの福音の戦士として、その御生涯を、あなたの御名のために、あなたの限りなき愛を人々に証しするために働き、戦い抜きました。
今、あなたから与えられた御用をすべて果たし終え、みもとに凱旋いたします。
どうぞ、その働きを嘉みせられ、義の冠を与え給え。

八十五才で倒れる数年前、愛子は一蔵が決して弟賢次に譲らなかった村上の墓石に、言葉を刻んだのであった。曹洞宗宝光寺の墓所に、「神は愛なり」と遺したのである。愛子は、「これからはもう神様の言葉を語れなくなるから、お墓に語ってもらいましょう」と言っていた。この言葉は、内村鑑三が好んで揮毫した言葉でもある。師の教えを忠実に生き、波乱の生涯を神の愛によって貫いたのである。

1946年村上にて。左から、文子、玲子、恵一、一蔵、信子、愛子。

「神は愛なり」と刻まれた宝光寺境内の寳田家の墓

参考文献

足立康「青山学院の地の塩たち」青山学院創立一三〇周年記念礼拝(二〇〇四年一一月一七日)での奨励のメモを参照。

穴沢篤子「建学の心を生き」『青山学院と地の塩たち——建学の精神と二一世紀への祈り』青山学院大学プロジェクト95編、二〇〇一年。

石原兵永『身近に接した内村鑑三　下』山本書店、一九七二年。

内村鑑三『内村鑑三全集』全四〇巻、岩波書店、一九八〇—八四年。

大竹海二「家庭の姿」『仏子キリスト教会メッセージ便』日本長老教会仏子キリスト教会、二〇〇五年六月。

斎藤宗次郎「柏木通信」『聖書之真理』聖書之真理社、三九—七一号、一九三一—三三年。

高見沢潤子「宝田あいの生涯　勝利の人生」『信徒の友』一九八八年六—九月。

寳田愛子「恩恵」『青山学報』一九八六年一二月。

寳田一蔵「或日の實感」『基督信徒之友』一九三四年八月。

寳田恵一「給水塔に登った思い出」『そうとう』第五号、駒沢給水塔風景資産保存会、二〇〇九年。

増田金四郎「聖経女学校略史」『青山学報』六九号、一九六九年一二月。

山本れい子「小さな感謝――母、賓田あいの生涯」『女の視点で語る――職業・学問・出合い・介護の心』今井館聖書講堂女性の企画グループ、二〇〇〇年四月。

吉田まち「めぐみの旅路」『横濱共立學園六十年史』財団法人横濱共立學園六十年史編纂委員、一九三三年。

『近代日本キリスト教文学全集15　讃美歌集』教文館、一九八二年。

あとがき

　私が山本玲子さんにお話を聞きたいと思ったのは、今井館教友会が女性グループの活動として始めた「ウィークデイの集い」の記録誌『女の視点で語る』を読んでいたときだった。玲子さんが、お母様の寳田愛子さんが恩師塚本虎二から、自らの婚約破棄が原因で、破門されたと語っていたことに少なからぬ興味を抱いたのだ。

　というのも、それまで私は、「ウィークデイの集い」に登壇された数人の女性たちにインタビューしていたが、無教会キリスト教のグループの中で、「お見合い」とは趣が少し違う、「引き合わせ婚」とも呼ぶべき、グループ内でのカップルの斡旋が師によってなされるケースが多くあることを聞いていたからである。聞けば、そうして結婚した人たちの多くが、先生が決めてくださった相手と幸せな家庭を築いていた。しかし、中には、「女性は断ったらおとがめを受けるけれど、男性は何回断ったってへいちゃらなのよ」と批判めいたことを言う人もいたのだった。お会いして、もっと詳しい話が聞きたい、と早速インタビューをお願いしたのは、幸いにも、コロナ禍が社会を覆いつくす少し前のことだった。

その頃はまだ都心のご自宅にいらした玲子さんのお宅のドアの前にたどり着くと、ちょうど妹の足立文子さんも到着したところだった。玲子さんが文子さんも呼ばれていたのだ。そうして、お二人から伺った賓田愛子さんについてのお話はとめどなく、圧倒的に面白いものだった。その日私は二時間くらいの余裕をもって、すぐ近くのレストランで友人夫妻とランチの約束をしていた。ところが、二時間では、全く足りないお話であった。友人たちとランチを終えて店を出ようとすると、お二人もその店でランチをとっていらした。そこで、再び私も合流し、次には文子さんのお宅でお話が聞けることになった。

杉並の文子さんのお宅では、病気療養中の夫康さんも傍らにいて、にこやかに私たちの話を聞いていた。文子さんが促して、康さんのピアノ伴奏で、四人で讃美歌を歌った。その後コロナ禍のため、全員が自宅軟禁になったものの、文子さんは私に多くの資料を送ってくださった。こうして、私は、愛子さんの評伝を書いてみよう、と思った。

後に、愛子さんの孫の山本良樹さんは、心に残る愛子さんの姿をこのように綴っている。

「おはなし」の準備をするため、鎌倉の書斎の机に向かい、心持ち傾けた額は、電気スタンドの灯りに照らされていたが、むしろ、愛子さんの心の光が彼女の内側を照らしているようだった。何処へ行くにも紫の和服に草履という姿は、地獄の深淵を飛び越えたものの品格を漂わせていた。福音の愛の言葉を語るとき、彼女の体全体が、「女闘士」そのものであった。しかし、時には、話し終えると、私の腕にそのやせた鶴の様な体を横たえて気を失うほど消耗するのだった。

本書に記したように、愛子さんは、両親や無教会キリスト教の恩師たちの教えを受け、徹底的に神の愛の言葉そのものを語り、祈り、すがった。彼女は、多く女性たちに、また、しばしば通った村上や山形では、若者たちに、自らの人生の荒波の渦中から実体験として得た、何もかもを神に訴え、委ねる信仰を教え、一人ひとりを顧みて下さる神の愛こそがすべて、と教えた。

愛子さんが毛筆でざら紙に記した祈りの言葉は、ひとり、無心で神の前に座り、訴えかける姿を彷彿させる。そこには、両親もなく、恩師もなく、ただ、直にGod Almighty（全能の神）と対峙する時があるのみである。

玲子さんと文子さんのご姉妹の他に兄妹の要となっていたらしい信子さんは体調を崩されていてお目にかかることができなかった。また、兄恵一さんもすでに召されていた。姉妹は、熱心な無教会キリスト教徒だった父も愛していたが、兄への威圧的な振る舞いは、本当に嫌だったと語った。それについて語った玲子さんの目には光るものがあった。文子さんは幼いながら立ち向かい、父には批判的だったが、こうして父の来し方を改めて振り返ると、父もさまざまなことに苦しんでいた、懐かしさがこみ上げると言った。

「『泣くものと共に泣く』のじゃなきゃ、本当の伝道師にはなれない」と、愛子さんは書いている。そして、娘たちも母と同じ方向――神――に顔を向けている。玲子さんは大竹海二牧師の牧会した日本長老教会杉並教会や独立集会で、講話をしたり、奉仕活動をしてきた。文子さんは夫康さんと共に、青山学院ゆかりの本多記念教会の礼拝に参加した、信子さんは富士見町教会の会員になった。こうして三人ともが、一見無教会キリスト教とは関係のないところで生きてきたかのように見える。しかし、彼女たちは母の独立信仰を尊敬し、自分たちの中にそれが生きていることを疑わないのである。

二〇二三年秋

著者

《著者紹介》

矢田部 千佳子（やたべ・ちかこ）

無教会キリスト教女性史研究者。AP通信社退職後、ルーテル学院大学を経て、立教大学大学院キリスト教学研究科博士課程在籍。発表論文に、「内村鑑三に学ぶ平和と信実（まこと）」今井館ウィークデイの集い（2016年）、「『非戦主義者の戦死』精読と内村鑑三の『犠牲の精神』」（『内村鑑三研究』51号）、「内村鑑三と3人のむすめたち」（『DEREK』40号、立教大学大学院キリスト教学研究科）、「浅田竹事件試論」（『内村鑑三研究』56号）。

愛に祈るひと——無教会キリスト教伝道者　寶田愛子の生涯

2023年12月30日　初版発行

著　者　矢田部　千佳子

発行者　渡部　満

発行所　株式会社　教文館

〒104-0061 東京都中央区銀座4-5-1 電話 03(3561)5549 FAX 03(5250)5107

URL http://www.kyobunkwan.co.jp/publishing/

印刷所　モリモト印刷株式会社

配給元　日キ販　〒162-0814　東京都新宿区新小川町9-1

電話 03(3260)5670　FAX 03(3260)5637

ISBN978-4-7642-9205-5　Printed in Japan